# CAMPAGNE

# DE HENRI IV

## AU PAYS DE CAUX

BOLBEC. — TYPOGRAPHIE ET LITHOGRAPHIE VALIN, RUE AUX MOULES

AU PROFIT DE LA CHAPELLE DU PETIT-SÉMINAIRE DE ROUEN

# CAMPAGNE

DE

# HENRI IV

## AU PAYS DE CAUX

(25 AVRIL-15 MAI 1592)

D'APRÈS LES CHRONIQUEURS ET PLUSIEURS DOCUMENTS INÉDITS

Par l'Abbé SOMMÉNIL

Directeur de la Maîtrise de la Métropole, ancien Professeur au Petit-Séminaire

ROUEN

FLEURY, LIBRAIRE-ÉDITEUR

PLACE DE L'HOTEL DE VILLE

1863

# AVANT-PROPOS.

Le 1<sup>er</sup> août 1589, un crime affreux mettait fin aux jours de Henri III, épouvantait la France et la laissait sans guide, comme le vaisseau sans pilote sur une mer agitée.

Deux partis s'étaient formés, du vivant même du roi. Les Catholiques, ne pouvant se fier qu'à eux-mêmes pour la défense de leur foi, avaient signé le formulaire de la Ligue en 1576.

Dès le 16 décembre 1573, les Protestants s'étaient constitués en confédération régulière.

Le 2 août 1589, Henri de Mayenne et Henri de Navarre se mirent à la tête de ce double parti.

Le premier vit se ranger sous ses ordres l'immense majorité de la noblesse, les villes du royaume, presque toute la France.

Le second, abandonné par les seigneurs, vit en quelques jours diminuer de plus de moitié l'armée de 40,000 hommes qu'il commandait. Seul avec les Protestants, faibles et peu nombreux, et quelques nobles Catholiques qui s'attachèrent conditionnellement à son service, il leva le siége, qu'il avait commencé, conjointement avec Henri III, sous les murs de la capitale. La proximité, la richesse, les places fortes, le fleuve et les ports de Normandie, l'engageaient à prendre cette province comme base de ses opérations contre Paris. Le commandeur de Chaste lui offrait la ville et le port de Dieppe pour établir ses communications avec la reine Élisabeth. Henri IV dirigea donc ses pas vers notre belle contrée de Caux.

Le duc de Mayenne, après avoir fait élire pour roi de France un vieillard du sang royal, le cardinal de Bourbon, archevêque de Rouen, se mit à la tête de 30,000 hommes, et marcha sans retard contre le roi de Navarre. Il venait à Dieppe pour *faire* Henri IV *prisonnier,* ou *le jeter à la mer* avec sa petite armée de 6,000 hommes; ce fut le roi de Navarre qui, à la journée d'Arques, rejeta vers Paris le duc de Mayenne.

Profitant de sa victoire, Henri IV entre à Tours, et assiége Dreux pour couper les vivres aux Ligueurs. Le duc de Mayenne s'avance aussitôt vers la ville assiégée. A cette nouvelle, Henri IV s'éloigne de Dreux, choisit son champ de bataille et attend les Ligueurs à Ivry. La Ligue fut battue et bientôt assiégée dans Paris; les bourgeois de la capitale surent affronter la famine et la mort pour demeurer fidèles à leur religion ; le duc de Parme vint à leur secours, réussit à entrer dans la ville et la pourvut abondamment de vivres.

Bientôt après, Henri IV conduisit ses troupes sous les

murs de Rouen. La ville se défendit avec un rare courage; mais, après quelques mois de siége, le gouverneur Villars se vit contraint d'appeler du secours. A l'approche du duc de Parme, qui s'avançait vers Rouen, Henri IV alla camper à Gouy, et son rival se dirigea vers Caudebec pour donner quelque repos à son armée. Ici commence la *Campagne de Henri IV au Pays de Caux*, que nous allons raconter.

Après le combat d'Aumale, que Henri IV appelait plus tard l'*erreur d'Aumale*, le roi blessé fut contraint de se retirer à Neufchâtel et de se mettre au lit. Ses braves compagnons d'armes, consternés d'abord, puis rassurés quand les chirurgiens eurent déclaré que le coup de mousquet, reçu dans les reins, n'avait fait qu'effleurer fortement la peau, s'entretinrent familièrement avec lui des dangers de la journée. « De tout ce que nous étions « dans la chambre du roi, dit Sully, il n'y eut pas deux « personnes qui pussent s'accorder sur le récit des cir- « constances plus particulières de l'action [1]. »

On peut en dire autant des engagements qui eurent lieu dans la courte mais brillante campagne que fit le roi de Navare au pays de Caux, en avril et mai 1592. De tous les historiens qui la racontent, il n'y en a pas deux dont le récit soit identique; leurs dates sont inexactes, leurs campements mal définis; quelques-uns

---

1. *Mémoires de Sully*, Londres, 1768, II, 75.

seulement de Thou, Davila, Palma Cayet, s'accordent sur les principaux faits. Guidé par leur récit, aidé par quelques lettres inédites de Henri IV et par la riche collection de ses lettres missives, éclairé surtout par les fortifications et les tranchées, œuvres des deux partis, précieux témoignages du sol, dont quelques-uns paraissent être restés inconnus, nous pourrons peut-être tracer, avec quelque précision, la marche de l'armée royaliste et protestante autour de l'armée catholique de la Sainte-Union.

Il est intéressant de recueillir, à chaque étape, le souvenir des luttes dans lesquelles la France montra son invincible attachement à la foi. Car, il ne faut pas l'oublier, l'opposition, souvent vaincue, mais toujours renaissante, faite par la Ligue au roi de Navarre, ne fut que l'élan de la Fille aînée de l'Église, pour maintenir vierge d'hérésie le trône de ses rois; et le temps est venu de reconnaître que ce grand acte, malgré les erreurs ou les torts des individus, fut une inspiration, non-seulement de la foi, mais encore du plus pur patriotisme.

# CAMPAGNE
# DE HENRI IV
## AU PAYS DE CAUX[1].

(25 AVRIL – 15 MAI 1592.)

CAMPS DU VIEUX-LOUVETOT, DU BOIS DE LA SALLE, DE VALLIQUERVILLE, DE BOSC-HIMONT, DE CAUDEBEC, DE SAINT-WANDRILLE, DE SAINTE-GERTRUDE.

Déjà, comme nous l'avons vu, le duc de Parme était entré en France, à la prière du conseil de la Ligue, en 1590, pour faire lever le siège de Paris; il y revint en 1592, toujours à la même sollicitation, pour dégager la ville de Rouen, assiégée par Henri IV. Parti de Ruë, en Picardie, le prince passa la Somme, auprès de Saint-Valery, et arriva en trois jours en vue du camp de Darnétal. « Mes ennemys, écrivait le roi, du camp de « Gouy (20 juillet 1592), ont usé de telle diligence, qu'en « trois journées, ils sont venus de la rivière de Somme à « moy, qui a esté cause que j'ai levé le siège et me suis « venu loger en ce lieu distant de trois lieues de Rouen [2]. »

---

1. Ce sujet a été traité dans la *Revue de Rouen*, XXX, 610.
2. Berger de Xivrey, *Lettres missives de Henri IV*, lettre adressée au duc de Nevers, III, 20 avril 1592.

« pour prendre le champ de bataille, et attendre les
« forces que j'ai mandées ¹. »

A ne juger que par les apparences, il semblait que ce roi sans royaume et presque sans armée, manquant de cavalerie, abandonné par sa noblesse que la lenteur du siége avait fatiguée, eût été vaincu aisément par les forces supérieures de la Ligue. Le duc de Parme voulait marcher sur Gouy et anéantir d'un seul coup les Royaux et leur chef ; grâce à la résistance du duc de Mayenne, qu'il est permis d'attribuer, moitié à l'esprit de prudence, moitié à l'esprit d'opposition, les Ligueurs tournèrent le dos au roi de Navarre, et descendirent vers Caudebec ², « pour nestoyer la rivière de Seyne. » Le cours du fleuve était intercepté par la ville de Caudebec, alors occupée par les Royaux, et par la flotte hollandaise, qui, forte de cinquante voiles, était à l'ancre un peu au-dessous de Rouen ³.

Le 22 avril, pendant que les ducs de Mayenne et d'Aumale entraient triomphalement à Rouen ⁴, Alexandre Farnèse, après avoir reçu la visite du seigneur de Villars « et disné au Bosc-Guillaume ⁵, » s'acheminait vers Caudebec, avec douze mille hommes de pied et cinq mille chevaux ⁶.

1. *Lett. miss.*, III, 22 avril 1592.
2. Mézeray, III, 944. Paris, 1651.
3 *Thuani Historiarum libri*, lib. CIII, vol. V. 215-219.
4. Matthieu, 1592, *Hist. des derniers troubles de la France.*
5. *Archives du Palais, registres secrets*, 23 avril 1592.
6. Mézeray, III, 943.

Le jour même, l'avant-garde, en arrivant dans la plaine de Saint-Wandrille, rencontra les Royaux. Les défenseurs de Caudebec, sous la conduite du mestre de camp la Garde, venaient lui disputer le passage, « en « l'advenue, par où, des prochaines montagnes, on descend « à la plaine [1]. » Le comte de Bossu, l'un des meilleurs capitaines du duc de Parme, n'eut pas de peine à les refouler.

Les premières lignes de l'armée venaient ensuite se heurter à un autre obstacle, d'autant plus redoutable que, étant hors de portée, on ne pouvait lui rendre le mal qu'il faisait : c'était la flotte hollandaise, redescendue de Rouen vers Caudebec pour couvrir cette dernière ville, et dont les bordées meurtrières répandaient dans les rangs espagnols le désordre et la mort.

Alexandre Farnèse, informé de l'obstacle qui retardait sa marche, ordonne à ses troupes de faire halte dans la plaine [2], dresse une batterie sur la colline, et, profitant de la fixité du pointage, mitraille à coup sûr les vaisseaux ennemis et les oblige à la retraite [3] ; « l'admirale, pour « sa pesanteur, demeura aggravée devant Caudebec et fut « contrainte de demeurer en sa discrétion [4]. »

Charles Boutren, sieur des Essarts, se signala parmi

---

1. *Caudebecquet*. Davila, II, 950.
2. A Saint-Wandrille.
3. Davila, II, 951.
4. Palma Cayet, édit. in-18, liv. IV, ann. 1592.

les défenseurs de la *gallère admirale*. Membre d'une famille distinguée dans l'église [1] et dans la magistrature [2], et dont Gruchet-le-Valasse montre encore la maison seigneuriale [3], il servait l'Etat « puis trente ans en ça, « au faict de la justice, » quand éclatèrent les premiers troubles de la Ligue. Vainement le Parlement de Rouen adhéra en grande majorité à la Sainte-Union [4]; vainement les hommes les plus remarquables de la province se mirent à la tête du mouvement, rien ne put arracher ce magistrat à ce qu'il estimait être la ligne inflexible du

1. L'abbé Boutren, l'un des plus remarquables abbés du Valasse, gouverna cette abbaye de 1514 à 1546. Il acheva la reconstruction de l'église abbatiale, entièrement détruite par les Anglais, et fut le dernier des abbés réguliers de son monastère. *Gallia christ.*, XI.

2. Le 10 août 1580, Henri III, « à plein confians des soins, suffi-« sance, loyaulté, prud'hommye, expérience au faict des finances, « et bonne dilligence... de Mre Charles Boutren,... mande à ses amez « et féaulx conseillers de la Cour des aydes... de le mectre et insti-« tuer en estat et office de controlleur, en l'élection de Caudebec, « après qu'il leur sera apparu des bonnes vye, mœurs et foy catho-« licque du dict Boutren » *Arch. du Pal., C. des aydes*, enregistrement des lettres et offices, 1580, f⁰ 274 verso.

En 1678, 23 juin, Lettres d'honneur sont adressées à Mre Jean Boutren. Louis XIV lui permet de porter le titre de référendaire, bien qu'il ait résigné son office, à cause des services rendus dans cette charge depuis plus de vingt années. Il en avait été pourvu en décembre 1651. *Arch. du Pal., C. des aydes.*

3. Le château de Gruchet, avec ses dépendances, passa de la famille Boutren dans la maison de Bultot, par contrat de vente passé à Gruchet, le 15 juin 1771, pour la somme de 70,688 liv. *Archiv. du départ., Valasse.*

4. Davila, II, 662. — M. Floquet, *Hist, du Parl. de Norm.*, III, 297.

devoir. On le vit, laissant la robe pour l'épée, accompagner Henri IV « au voyage de Dieppe et ailleurs, » et combattre à la journée d'Arques ; deux fois prisonnier de guerre, il eut à payer « de grandes et notables ransons. » Ce fut à ses frais que Jean Boutren, son oncle, suivit le roi de Navarre, « en bon équipage d'armes et chevaulx, « jusques à la bataille d'Ivry, où le dit Jean fut tué, après « avoir vertueusement combattu ». A l'approche du duc de Parme, le fils aîné du sieur des Essarts, « rompant « le cours de ses estudes, quittant les villes liguées », prit les armes avec son père, et « tous deux, abandonnant « leurs biens, » vinrent « assister le sieur de la Garde à « la deffence de la ville de Caudebec, » et « depuis, retirez « en l'armée navalle, » on les vit plusieurs fois « hasarder « leurs vies, tant à la desroute et nauffrage qui pensa « arriver à la dicte armée navale, que à la prinse de la « gallère[1]. » Le dévouement de Charles Boutren lui valut des lettres d'anoblissement, étant *très-raisonnable*, dit Henri IV, que ce magistrat devenu guerrier, aussi bien que ses descendants, « soient esleuz en tel degré d'hon- « neur et de noblesse, que se voyant honorez de telles

---

1. Le texte porte : « A la prinse de la gallère arrivée pour favoriser « le passage de noz ennemis. » On lit aussi, dans le chroniqueur Matthieu, que « sur la rivière, la gallère du sieur de Villars fut « prise. » Les autres historiens, généralement favorables à Henri IV, donnent à entendre que ce fut la galère amirale de la flotte hollandaise qui resta devant Caudebec, avariée par les boulets du duc de Parme. Nous avons suivi leur version.

« prérogatives, ils soient plus promps et enclins à faire de
« bien en mieux, et exitent les autres à suivre leurs traces
« au chemin de la vertu [1] ».

Après avoir forcé la flotte à se retirer vers Quillebeuf [2], le duc de Parme établit ses logis sur le point le plus élevé, et le plus extrême du plateau de l'Étampette, entre Saint-Wandrille et Sainte-Gertrude, au-dessus de Caudebec et de la Seine, qu'il voyait à ses pieds. La nature avait fortifié d'elle-même cette position, à l'endroit où la vieille route tourne tout-à-coup vers le sud, s'enfonce comme un ravin, et descend à la ville par une cavée profonde, laissant sur sa gauche une dépression subite de terrain et un escarpement des plus abruptes. Farnèse se garantit du côté du plateau par une double tranchée, formidable défense creusée au bord du chemin

---

1. Lettres d'anoblissement en faveur de Charles Boutren. Mantes, janvier 1594, enregistrées le 16 juillet 1611. — *Arch. du Pal., C. des aydes*, 1611. Charles Boutren porte *de gueules chapé d'argent*. Supports : sauvages américains au naturel.

2. Les autres vaisseaux « s'éloignèrent du bord et, par le courant « de la rivière, se retirèrent à Quillebœuf, lieu qui est plus au « dessous, où, pour leur plus grande seûreté, ils commencèrent à « fortifier ce bourg, qui, pour estre grandement commode à la navi- « gation, et au passage de la rivière, fut réduit en forme de forteresse, « et tenu depuis en très-grande considération. » Davila, II, 951. — Les habitants de Quillebeuf, dit de Thou, étaient excellents marins et presque tous protestants, à cause de leurs continuels rapports avec les Anglais. — Les Royaux appelèrent ce bourg : *Henricopolis*, *Thuan. hist.*, lib. CIII, et Henricarville, *Arch. du Pal., C. des aydes*, 1611.

sur un espace de près d'un kilomètre. Le voyageur peut ncore mesurer son étendue et sa profondeur qui, vers Caudebec, n'a pas moins de cinq mètres.

Cependant, le duc de Parme, ayant à ses côtés son fils Rainuce, le sieur de la Mothe et le comte Nicolas Césis, s'empresse d'aller reconnaître la place [1]. La petite ville de Caudebec, « close d'assez bonnes murailles, mais sans « terre-plein ny autres meilleures fortifications [2], » avait été, « durant ces troubles, prinse et reprinse beaucoup de « fois, tant d'un party que d'aultre, pour n'estre deffensa- « ble [3]. » Située désavantageusement au pied de collines hautes et boisées elle n'avait pour garnison que trois cents hommes de pied commandés par la Garde et cinquante chevaux italiens, avec lesquels Pausanias Braccioduro s'était jeté dans la place, après la levée du siége de Rouen. Pendant que le général espagnol observait les fortifications, et indiquait, avec la sûreté d'un coup-d'œil exercé, le point précis où la muraille devait être battue, il fut blessé « à ung bras d'un coup de harque- « buse [4]. » Les traits de son visage ne furent point altérés, sa voix ne faiblit point ; impassible, il continua de donner

---

1. Le 25 avril. *Lett. miss.*, III, lettre au duc de Nevers, 2 mai 1592.
2. Davila, II, 950.
3. Palma Cayet, *Panth. litt.*, I, 351.
4. *Arch. du Pal., Reg. secr.*, 27 avril 1592.— *Lett. miss.*, III, 2 mai 1592, lettre au duc de Nevers.

ses ordres; le sang, qui ruisselait de sa main [1], révéla seul aux assistants le malheur qui les frappait [2].

Le 25 [3], la place « fut battue aux deffenses » et un pan de muraille renversé ouvrit la brèche. La Garde, à la tête d'une poignée d'arquebusiers, insuffisants pour une résistance sérieuse, démoralisés d'ailleurs, et préférant, aux ennuis d'un siège, les hasards des batailles prochaines, fit sonner la chamade [4]; il dut sortir sain et sauf, avec armes, chevaux et bagages. Un seul homme, Pausanias Braccioduro, refusa de signer la capitulation; ne pouvant, comme il l'eût désiré, s'ensevelir sous les murs de la ville, il se constitua prisonnier [5].

Pendant que, le 27 avril, la Ligue organisait à Paris une procession, de Notre-Dame à Sainte-Geneviève, pour remercier Dieu de la prise de Caudebec [6], le duc de Parme, après avoir confié ses troupes à son fils Rainuce, et remis le commandement général au duc de Mayenne,

---

1. « Sanguine in manu exundante. » *Thuan. hist.*, lib CIII.
2. La tradition a conservé dans Caudebec le souvenir de la blessure du duc de Parme. A l'en croire, Alexandre Farnèse, au moment où il fut blessé, était sur le penchant de la côte de la Vignette, et le coup d'arquebuse serait parti d'une meurtrière de la *tour de Rouen*, appelée aussi la *tour de l'est* et *tour Farnèse*.
3. *Lett. miss.*, III, 26 avril 1592, lettre à Duplessis, datée de Fontaine-le-Bourg.
4. « Signal dont se servent les assiégeants pour avertir les assiégés « qu'ils aient à se rendre, et ceux-ci pour annoncer qu'ils veulent « parlementer. »
5. Davila, II, 952.
6. Pierre de l'Étoile, avril 1592.

se livrait aux mains des chirurgiens, et l'armée entrait dans la ville, décidée à la vengeance. Il ne fallut rien moins que l'ascendant de son chef, obéi jusque sur son lit de souffrance, pour l'empêcher de se porter aux plus regrettables excès, et l'obliger à se contenter du pillage [1]. Le rafraîchissement qu'elle prit sur les rives de la Seine fut de courte durée.

Henri IV connaissait, dès le 22 avril, les projets de ses ennemis, « les quels, à ce que j'ai appris, écrit-il au « duc de Nevers, ont desseing d'assiéger ma ville de « Caudebec, qui me fait espérer d'avoir loisir de les ap- « procher de sy près, qu'il ne sera en leur puissance « d'éviter l'occasion de la bataille [2]. »

Du 22 au 25 avril, sur des ordres pressants, ses officiers se rendent à Gouy. Les sires d'Humières, de Sourdis, d'Ertré, de Colombières, du Lude, le comte de Montgommery, la Vérune, gouverneur de Caen, lui amènent leurs contingents [3]; les ducs de Montpensier et de Longueville arrivent avec huit cents chevaux [4]; en trois jours il avait réuni de sept à huit mille cavaliers [5] et environ quinze mille hommes de pied [6].

---

1. *Thuan. hist.*, lib CIII.
2. *Lett. miss.*, III, 22 avril.
3. Davila, II, 952.
4. *Lett. miss.*, III, 22 avril.
5. Mémoires de Sully, Londres, 1768, II, 88. Le chiffre de Sully paraît exagéré.
6. « Je suis assez fort d'infanterie, ayant douze ou treize mille

L'accroissement rapide de ses forces, l'animation qui régnait dans ses quartiers, jetèrent l'alarme dans la ville de Rouen. Dès le 23, le Parlement ordonne que, « pour « éviter aux entreprises qui se pourroient faire en ceste « ville, pendant l'absence du seigneur de Villars, Mes- « sieurs iront tour à tour à chacune des portes qui se- « ront ouvertes, pour prendre garde à ceux qui entre- « ront et sortiront de la dicte ville, » et s'informer « de la « qualité d'iceulx et du lieu dont ils sont[1]. » La Cour, en agissant ainsi, faisait preuve de sapience; mais Henri IV avait d'autres projets.

Le 25, après avoir commandé à Dieppe cent mille pains de munition[2], il quitte son logis d'*au de ça du Pont-de-l'Arche*, « chasse, en passant, des gens que les Li- « gueurs avoient laissez à Martainville[3], » et gagne d'un trait Fontaine-le-Bourg. Nous en avons pour preuve la lettre qu'il écrit de ce village au sieur Delabarre, tréso-

---

« hommes de pied, entre lesquels y a sept mille piques. » *Lettr. miss.*, III, lettre adressée au duc de Nevers, 20 avril 1592.—« J'aurai dans « de main deux mille hommes de pied françois, plus que je n'avois « à vostre partement, avec lesquels je serai plus fort d'infanterie « que mes dicts ennemys ne sont, et *si je n'ay autant de cavallerie* « *qu'eulx, la mienne vauldra pour le moins la leur.* » *Lett. miss.*, III, lettre au duc de Nevers, 22 avril 1592.

1. *Arch. du Pal., reg. secr.*, 23 avril 1592.
2. *Arch. du Pal., C. des aydes*, lettre adressée au sieur Delabarre, 23 avril 1592.
3. *Lett. miss.*, III, 26 avril.

rier général, à Dieppe, par laquelle il lui mande d'expédier les vivres nécessaires à son armée [1].

Le 26, il ferme tous les passages entre Caudebec et Rouen [2], et sûr de son fait : « La God [3], écrit-il à M. « de Souvré, nous allons aujourd'hui loger à deux lieues « des ennemys; la bataille ne se peut plus éviter, c'est « pourquoy je vous prie de vous en venir, à toute dili- « gence, droict au Pont-de-l'Arche, et là où je serai, vous « hastant le plus que vous pourrez ; peut-être vous écris- « je la veille de la bataille, bonjour [4]. Fontenay-le-Bourg, « ce 26 avril 1592. »

La composition de l'armée royale, formée en partie d'étrangers de diverses nations, Reîtres, Anglais, Hollandais, et en partie de Français, protestants et catholiques, explique les désirs de bataille que le roi de Navarre manifeste dans chacune de ses lettres. Pour maintenir réunis des éléments si divers, il lui fallait combats et victoires.

Le duc de Parme pensait autrement. Satisfait d'avoir dégagé la ville de Rouen, il se proposait de ramener son armée entière aux Pays-Bas, et fut d'avis de s'aller

---

1. *Arch du Pal.*, *C. des aydes*, lettre adressée au sieur Delabarre, relative au pain de munition et datée de Fontaine-le-Bourg, 25 avril 1592.
2. Sully, II. 88.
3. Peut-être *by God;* l'article peut venir d'une erreur de copiste.
4. *Lett. miss.*, III, 26 avril.

« camper à Lillebonne, lieu assez fort, et disoit... qu'ils
« auroient le Hâvre de Grâce derrière eux, dont ils
« tireroient toutes les commodités dont l'armée auroit
« besoin. » Les autres disaient (c'était le duc de Mayenne,
dont le sentiment était ordinairement contraire à celui
du général espagnol): « Si l'armée s'achemine à Lillebonne,
« le roy se mettra entre Caudebec et Lillebonne, et...
« Rouen se trouvera plus resserré qu'auparavant. » Ils
résolurent de se camper à Yvetot[1]. »

Le rapport des députés envoyés par le Parlement au
duc de Parme, à la sollicitation de Villars, est le seul
document, à notre connaissance, qui détermine la position prise par les Ligueurs; il nous parait trop intéressant pour ne pas le citer en entier. Partis de Rouen le
23 avril, les députés Martel de Bolbec et Duperron
« furent advertis que le seigneur de Parme estoyt logé à
« Louvetot, et le seigneur de Mayenne, au logis d'Auze-
« bosc. » Le seigneur de Villars, qu'ils trouvèrent en ce
dernier logis, les présenta, avec le duc de Mayenne, au
seigneur de Parme, auquel ils « remonstrèrent que, en
« ce temps si callamiteux dont la France avoit esté
« affligée, Dieu l'avoyt choisy pour la considération de la
« religion catholicque et extirper les hérésies..... et que,
« encore que par son moyen, la ville (de Rouen) eust esté
« désasiégée des ennemys contraires à ce party de la Sainte-

---

[1]. Palma Cayet. *Panth. litt.*, 1, 402.

« Union, touteffois, que les habitants n'estoient pas bien
« délivrez..... et le prièrent de voulloir bien continuer ses
« bonnes et sainctes interventions à nestoyer la rivière de
« Seyne, luy remonstrant, que Rouen estoit comme » le
cœur « qui distribuoit » le sang « à toute la France, et
« principalement en la ville de Paris..... sur ce, il leur
« feist une réponse en itallien, qui estoyt assez longue,
« pour la manutention de la religion catholicque, et
« comme il avoit esté meu de compassion de la main-
« tenir, et employer sa vye..... que, à l'ayde de monsei-
« gneur de Mayenne, il feroit tout ce qu'il penseroit
« nécessaire pour la manutention de la religion catho-
« licque, apostolicque et romaine [1]. » On remarquera sans
doute que les motifs de la guerre, publiquement avoués [2]
par les députés et par le duc de Parme, sont une preuve
que le mouvement populaire, d'où naquit la Sainte-
Union, fut, comme le dit un auteur, « un des plus beaux

---

1. *Regist. secr.*, 23 avril 1592. — M. Floquet, *Hist. du Parlem.*
2. Quant aux motifs de secrète ambition que la plupart des historiens attribuent aux princes lorrains, voici ce qu'en pense un citoyen de Genève, Sismondi. « Nous sommes disposé à croire, dit-il, que, dans un siècle où toutes les croyances religieuses se changeaient en passions, les Guises étaient de bonne foi dans leur zèle fanatique (c'est un protestant qui parle). Ils croyaient tout bon catholique obligé en conscience à travailler de toutes ses forces à l'extermination de l'hérésie. C'était alors l'erreur de leur Église tout entière, et non la leur ; ils ne se départirent jamais de leurs principes, et leur conduite montre souvent non moins de générosité que de consistance. » Sismondi, XX, 123.

— 22 —

actes de foi qui aient jamais été faits par un peuple chrétien.[1] »

Le duc de Parme tenait donc à Louvetot la droite de l'armée. Il assit son camp sur un plateau voisin de l'église du Vieux-Louvetot[2]. Découvert du côté de l'ouest, deux grandes fermes carrées le flanquaient à droite et à gauche, comme deux défenses naturelles; en avant, les vallons boisés, qui descendent à Rançon, le séparaient de l'ennemi. Ce camp, qui porte encore dans le

---

1. *Hist. de sainte Chantal*, 2 vol in-8°, I, 17. Travail très-consciencieux et plein de recherches.

Citons ici quelques lignes de M. Floquet. Après avoir établi une distinction entre les Ligueurs et les Catholiques de bonne foi (et ces derniers, croyons-nous, formaient, sinon la totalité, au moins l'immense majorité des partisans de la Ligue, même parmi les chefs, comme l'indique le texte de Sismondi), le savant auteur de l'*Histoire du Parlement de Normandie* ajoute : « Le doute et la crainte avaient pu trouver place chez les Catholiques les mieux intentionnés. Un roi huguenot assis sur le trône de saint Louis, c'était une monstruosité, on le peut dire, que nous savons mal apprécier aujourd'hui. » III, p. 439. ..... Henri IV écrivait à Duplessis-Mornay, ce *pape des Protestants* : « N'ajoutez foy aux faux bruits que l'on pourrait faire courre de moy; asseûrez, pour moy, ung chacun de ma *constance en la religion.* » — « Je n'ay point intermis l'exercice de la religion partout où j'ai esté, tellement que telle semaine, sept presches se sont faicts à Dieppe par le sieur Damours ; *est-ce là donner argument ou indice de changement?* » Et nous aussi nous demanderons si les Catholiques avaient tant sujet de prendre confiance? Que l'on cesse enfin de juger les événements d'un siècle par les préjugés d'un autre, et comprenons une fois les légitimes et énergiques scrupules des Catholiques de bonne foi. » III, p. 440.

2. M. l'abbé Cochet, *Égl. de l'arr. d'Yvetot*, I, 70.

pays le nom populaire de Henri IV[1], est demeuré tel qu'il était aux jours de la Ligue. La culture qui, depuis cinquante ans, a nivelé tant de remparts et de fossés, plus avide des intérêts du capital que des souvenirs historiques, a respecté son enceinte. Les remparts, élevés sur un terrain parfaitement uni, ne laissent apercevoir à leurs pieds aucune trace de fossé, et dessinent un hémicycle ; aux deux extrémités de la ligne droite, on voit encore deux buttes de terre, destinées sans doute à supporter les canons, les couleuvrines et les *bastardes*. Dans les jours de paix, qui ont succédé aux jours de bataille, les érables et les pins se sont emparés de ces vieux travaux militaires, couvrant, de leur feuillage et de leur ombre, la cendre des guerriers catholiques [2].

1. Le camp du Vieux-Louvetot, occupé d'abord par le duc de Parme et ensuite par Henri IV, est appelé dans le pays *la butte*, camp des Espagnols, et plus généralement camp de Henri IV.
2. Nous décrivons le camp du Vieux-Louvetot tel que nous l'avons vu, en avril 1562. Depuis cette époque, il a été en partie détruit ; les buttes de terre ont servi à niveler un terrain voisin du camp, d'où on les avait probablement extraites en 1592. Les travaux, exécutés dans un but d'amélioration agricole, méritent assurément toute notre sympathie ; qu'on nous permette de regretter cependant, au nom des plus intéressants souvenirs de l'histoire de notre contrée, la dure nécessité qui oblige à effacer, un à un, ces derniers vestiges du moyen âge.
Deux pièces du XIIIe siècle ont été trouvées par les ouvriers occupés aux terrassements ; c'est le denier tournois, monnaie de billon de Philippe-le-Bel. On voit sur une face, une croix et le nom du roi PHILIPPUS REX, et sur l'autre, une figure grossière représentant une façade d'église, avec ces mots : TURONUS CIVIS.

— 24 —

Le duc de Mayenne, chargé du commandement général, prit son logis avec la *bataille* (ce que nous appelons aujourd'hui le centre), dans une forte position, au château d'Auzebosc. Cet antique manoir féodal était alors dans les domaines du sire de Briqueville, seigneur d'Auzebosc[1]. Son neveu, Paul de Briqueville, marquis de Colombières, portait les armes dans l'armée royaliste. Héritier de la valeur militaire de Jean de Briqueville, son père[2], il avait réuni trois cents chevaux et s'était

1. A la fin du xv⁰ siècle, le château d'Auzebosc était la propriété des sires d'Estouteville. En 1494 il passa dans la maison de Briqueville, par le mariage de Jeanne Havart, dame d'Auzebosc, fille de Georges Havart, vicomte de Dreux, et d'Antoinette d'Estouteville, avec Guillaume de Briqueville, sieur du Laune, de Colombières et de Sainte-Croix-Grantonne. — François de Briqueville, fils de Guillaume s'allia à l'illustre famille de Brézé, par son épouse Florence de Clère, fille de Georges de Clère et d'Anne de Brézé. — En 1657, Françoise, dame de Briqueville et d'Auzebosc, épousa Fabien de Biran, seigneur de Castel-Jaloux, en Bretagne, et porta dans cette famille la seigneurerie d'Auzebosc. — Vers la moitié du xviii⁰ siècle, elle devint la propriété du sire Despomar, l'un des quatre barons de Saint-Wandrille. — Moreri. *Archives de la seigneurie d'Auzebosc.* Ces archives sont conservées par M. Despomar, qui a bien voulu nous communiquer quelques renseignements.

2. Jean de Briqueville, frère puîné de François de Briqueville, l'un des plus grands capitaines du xvi⁰ siecle, se fit calviniste. Les protestants de Normandie l'ayant mis à leur tête, avec le comte de Montgommery, il fit aborder au Havre, en 1563, une flotte d'Angleterre chargée de deux régiments d'infanterie, de quatorze gros canons, de cent cinquante mille ducats, et de plusieurs autres munitions de guerre. Il assista, en 1566, au rendez-vous général des Protestants, à la Rochelle, et, en 1572, au mariage du roi de Navarre. Après avoir triomphé des Catholiques en plusieurs circonstances,

rendu à Gouy, au premier appel du roi de Navarre [1].

Le vallon, qui sépare le vieux château du plateau de Touffreville, prend son origine à quelque distance du Vieux-Louvetot; après s'être dirigé du sud au nord jusqu'à l'extrémité de l'enclos seigneurial, il tourne brusquement à l'est et s'échappe, par des circuits pleins de verdure, de silence et de beauté, vers le *Val-au-Seyne*, auquel il s'unit pour aller former la vallée de Saint-Wandrille.

Afin de fermer la route des *fonds* d'Auzebosc, la gauche de l'armée, commandée par le duc de Guise et campée à Yvetot, envoya ses avant-postes jusqu'à Saint-Clair [2], et, du côté de Touffeville, deux mille Wallons du centre s'emparèrent du bois de la Salle [3], protégeant tout à la fois et la vallée et le plateau de Touffreville.

il mourut sur la brèche de Saint-Lô, l'épée à la main, ayant à ses côtés ses deux fils, âgés l'un de quatorze et l'autre de quinze ans, pour sacrifier, disait-il, tout son sang à la vérité évangélique. Énergie digne d'une meilleure cause. — Moréri.

1. Paul de Briqueville succéda à la haute réputation de son père parmi les Calvinistes: il se distingua au siége de Falaise en 1589, et se trouva, en 1592, à la campagne du pays de Caux. Nous le voyons, en 1594, avec son frère Gabriel de Briqueville-la-Luzerne, soutenir un siége à Honfleur, dernier boulevard de la Ligue en Normandie. — Moréri. — Davila.

2. *Lett. miss.*, III, 1er mai. — M. de Glanville, *Promenade archéologique*, p. 68. — La lettre de Henri IV à Élisabeth d'Angleterre (1er mai), ne permet pas de douter que les avant-postes du duc de Guise n'aient pris leurs logements à Saint-Clair-sur-les-Monts.

3. *Thuan. hist.*, lib. CIII.

L'armée de la Sainte-Union se déployait donc en ligne droite, sur une étendue d'une lieue et demie, ayant, à ses deux points extrêmes, le duc de Parme et le duc de Guise, et au centre, le duc de Mayenne; ses avant-postes occupaient Saint-Clair et le bois de la Salle; les fonds d'Auzebosc et de Rançon la séparaient de l'ennemi.

La prudence déployée par les chefs de la Ligue, dans le choix d'un campement si bien fortifié, ne parut point suffisante. En ces temps de fermentation religieuse, où la foi domine tous les actes, on ignorait encore, au moins pratiquement, les erreurs de la philosophie, qui refuse à Dieu le gouvernement du monde; le peuple croyait, avec l'Église, que la vie des nations, comme de l'individu, est soumise à la direction d'en haut, et que les succès, comme les revers, relèvent avant tout de la Providence divine.

Dès que les députés de la Cour eurent annoncé à Rouen que les armées étaient en présence, le Chapitre de l'antique Métropole ordonna, le 27 avril, que « pro- « cessions génerales se feront (demain) aux Jacobins, « où se célèbrera une haulte messe, et ce jourd'huy, le « clergé de céans ira en procession à Saint-Marc, pour « prier Dieu de nous donner victoire à la bataille preste « à donner [1]. »

Le Parlement, de son côté, résolut d'assister « en

---

1. *Registres capitulaires,* 27 apvril, 1592.

« robes noires » à ces prières publiques, pour demander
« à Dieu le Créateur, qu'il luy plaise donner et envoyer
« heureulx succès aux affaires de la France, pour l'ex-
« tirpation de l'hérésye, manutention de la religion
« catholicque, apostolicque et romaine, et de l'estat du
« royaulme [1]. »

Cependant Henri IV, parti le 26 de Fontaine-le-Bourg,
s'avançait vers Croix-Mare, et, le 27, il nous paraît probable qu'il prenait sa route entre le château de Beauvoir [2] et le Vert-Bosc, pour se présenter à l'ennemi. « Ce
« fut une chose remarquable, que le roi mesme se vid,
« ce jour là, en un danger manifeste d'estre deffait, pour
« n'avoir pas bien pris garde à la situation du pays ; car
« la pluspart de ceux qui l'habitent, estant gentilshommes,
« ils ont plusieurs terres, qui, pour leur plaisir et leur
« commodité, sont closes, en forme de parcs, de bonnes
« murailles de la hauteur d'un homme à cheval, et dont
« il y en a de si spacieuses, qu'elles ont plus d'une
« lieue d'estendue. Ayant donc à traverser ce pays là,
« pour aller contre les ennemis, et tenant le chemin or-
« dinaire [3], il estoit contraint de passer entre deux de

---

1. *Arch. du Pal.*, *reg. secr.*, 28 avril 1592.
2. Un sire de Beauvoir était alors ambassadeur, pour Henri IV,
auprès de la reine d'Angleterre. — ***Lett. miss.***, III, 1er mai 1592.
3. L'ancienne route de Rouen à Yvetot se bifurque au-dessus de
Barentin, à la Sausseray, et s'avance vers Yvetot, à droite, par
Croixmare, Ecalles-Alix, et à gauche, par Bouville, Blacqueville,
Fréville et Saint-Clair-sur-les-Monts, en passant entre Beauvoir et le

« ces parcs extrêmement longs, l'un à main droite, l'autre
« à gauche, et le grand chemin au milieu, » d'où l'avant-
garde apercevait l'ennemi « campé sur une haute col-
« line [1]. »

Le comte Alexandre Sforce, voyant l'avant-garde du
roi engagée dans ce défilé, et tout secours impossible
en cas d'attaque, court avertir le duc de Parme, et propose d'anéantir les premiers corps de l'ennemi. « Hélas,
lui répondit Farnèse, en montrant ses membres abattus
par la maladie, il faudrait des hommes vivants pour
combattre le roi de Navarre, et non des cadavres privés
de sang comme moi [2]. » Cependant, le défiant général se
fit porter en vue des Royaux, pour reconnaître par lui-
même leur position [3].

Pendant tout ce temps, le duc de Montpensier avait
pu ranger son avant-garde dans la plaine, et la *bataille*,
pressée par le roi, arrivait à son secours.

Le Béarnais campa à un quart de lieue des Ligueurs [4].

---

Vert-Bosc. Un vieux chemin, encore apparent sur quelques points,
s'embranche sur cette route et conduit au château d'Auzebosc, entre
les collines de Touffreville et de Saint-Clair. — *Cartes du dépôt de
la guerre et de l'ancien diocèse de Rouen.*

1. Davila, II, 950.
2. *Revue de Rouen*, XXX, 611. — Davila, II, 954.
3. Davila, *ibid.*
4. Davila, *ibid.* — Ad sesquimilliare ex *adverso* castra posuit.
*Thuan. hist.*, lib. LIII. — A deux kilomètres environ, et à l'est du
bois de la Salle, on rencontre une ferme, appelée *la grande Cavalerie.*

La vallée, qui l'eut conduit directement au duc de Mayenne, était gardée, comme nous l'avons dit, par les avant-postes de Saint-Clair; sur la gauche, des bois et des ravins le séparaient de Farnèse ; le seul chemin qui lui restât pour attaquer le centre était le plateau de Touffreville, défendu par les deux mille Wallons du bois de la Salle, qui se trouvait sur sa droite [1].

Il ordonna sans retard d'emporter cette position. Le baron de Biron, le duc de Bouillon et Montigny eurent à lutter tour à tour contre le duc de Guise, du Rosne et e baron de la Chastre, dans trois grosses escarmouches, à la faveur desquelles le roi essaya, sans succès, de reconnaître les fortifications. Mais le lendemain, au point du jour, le baron de Biron put observer « une seule « tranchée, sans aucune apparence d'artillerie, et sans « deffenses de flancs ni de redoutes [2]. » Suivi de trois bataillons d'Allemands, d'Anglais et de Français, il attaque le bois, chasse les Wallons, prend leur bagage, et se met en devoir de creuser une nouvelle tranchée, en face du château [3].

Le duc de Mayenne devait à tout prix ressaisir ce

---

1. Primis diebus, tantum velitariis certaminibus prolusum fuit, *silvâ intermediâ. Thuan. h st.*, lib. CIII.— « Les armées s'estant lo- « gées à un quart de lieue l'une de l'autre, *il se rencontra entre* « *deux sur la main droite, un bois fort touffu.* » Davila, II, 954.
2. Davila, II, 955.
3. Occupato loco, regii vallum ducebant. ***Thuan. hist.***, lib. CIII.

poste avancé ; il forme une troupe d'élite d'Espagnols et d'Italiens ; Capizucchi se met à leur tête et débusque à son tour le baron de Biron, achève la tranchée commencée, « et fait une grande redoute, avec des dehors « et des fossez de toutes parts, la fortifiant de quatre « pièces d'artillerie [1]. »

Le bois de la Salle montre encore les tranchées creusées par les Wallons, et la redoute élevée par Capizucchi. Les hommes ont disparu, les passions se sont calmées, mais les sillons du sol subsistent, *mystérieuses vigies*, dit M. l'abbé Cochet [2], qui racontent aux générations présentes, les intérêts et· les luttes des générations passées [3].

Le même jour, 28 avril [4], « *sur le diner*, » changeant tout-à-coup son plan d'attaque, par un de ces prodiges d'activité, que Farnèse caractérisait en disant, que « le roi de Navarre usait plus de bottes que de

---

1. Davila, II, 955 — Camillus Capizuccus, cum delectis Italis et Hispanis, superveniens, opus imperfectum eos relinquere coegit, extemploque, festinatis operibus, *tumulum in eo excitat, et fossâ cinctum* tormentis impositis firmat. *Thuan. hist.*, lib. CIII.
2. *Églises de l'Arrondissement d'Yvetot*, II, 355.
3. La double tranchée, creusée par les Ligueurs, renferme, dans son enceinte, non seulement la redoute de Capizucchi, mais encore les fossés de l'ancien château de la Salle.—*Voy. archéol.*, p. 70. — M. Fromentin, *Essai hist. sur Yvetot*, 176.—Le sol présente donc, à l'ouest et au sud, un triple rempart ; l'unique tranchée, qui se trouve à l'est, est remarquable par sa profondeur et sa largeur.
4. *Lett. miss.*, III, 1er mai 1592.

« souliers, » Henri IV gravit la colline de Saint-Clair[1], tombe à l'improviste sur les avant-postes et les culbute ; le duc de Guise et le duc de Mayenne se mettaient à table, le sieur de la Guiche[2] arriva juste à point pour desservir leur vaisselle d'argent et s'emparer du bagage[3]. Le roi, poursuivant son avantage, pousse les Ligueurs jusque dans Yvetot, où la mêlée fut très-vive[4], les deux partis se disputant le terrain pied à pied. Le duc de Parme, voyant son avant-garde menacée d'une ruine complète, vint en personne, dit Sully, avec de bonnes troupes, et tint ferme, pendant que le duc de Guise se replia sur la *bataille*, pour s'y mettre en sûreté[5].

L'armée catholique laissa sur le terrain six cents de

---

1. On doit rencontrer à Saint-Clair une redoute sur laquelle Henri IV *planta ses canons*. Davila, II, 955. — « Il y a quelques années, des ouvriers occupés à planter des arbres, à Saint-Clair, rencontrèrent, à près d'un mètre sous terre, plusieurs boulets profondément oxidés, témoins irrécusables en faveur de l'histoire. » M. de Glanville, *Voy. arch.*, 68.

2. Jean-François de la Guiche, comte de la Palice, servit sous Henri IV, puis sous Louis XIII, qui le nomma maréchal de France, 24 août 1619. Il mourut en son château de la Palice, en Bourbonnais, le 4 décembre 1632. Moréri.

3. *Mémoires de la Ligue*, V, 145 à 150. *Le roi a chargé si à propos l'avant-garde des Ligueurs*, que les ducs de Mayenne et de Guise avaient été contraints de *se sauver à Yvetot*, laissant leur bagage et vaisselle d'argent. P. de l'Étoile, 26 avril 1592. — Palma Cayet, édit. in-18, liv. IV. — Matthieu, *Derniers troubles de la France*, 1592.

4. Palma Cayet, liv. IV. — Matthieu. — Sully, II, 91.

5. Sully, II, 91.

ses soldats, et, parmi les prisonniers, le jeune baron de la Chastre [1], le gouverneur de Dreux, le chevalier Fréto et quarante-cinq autres personnages de marque [2].

« Ventre saint gris! disait Henri IV en pénétrant dans « Yvetot, si nous perdons le royaume de France, nous « aurons au moins le royaume d'Yvetot [3]. » Il a raconté lui-même cette brillante journée du 28 à Élisabeth d'Angleterre ; il n'omet qu'un point dans sa narration, c'est la retraite du baron de Biron du bois de la Salle. « Mardi « dernier, 28e, dit-il, nous gagnasmes (sur les ennemis) « le logis d'Yvetot, et encore deux aultres *plus proches* [4], « et à la veue du lieu où leur corps d'armée est retran- « ché, les leur ayant faict quitter par force, où furent « prins et tués plusieurs des leurs, le reste de ce qui y « estoit s'estant saulvé à la fuite... Mercredy (29 avril), « nous séjournasmes, tant pour donner un peu de rafrai- « chissement à mon armée, que pour voir le pays et les « avenues du camp des ennemys, afin de pouvoir mieux « juger ce que nous aurions à faire [5]. »

Le roi, à l'inspection des fonds d'Auzebosc, ne fut pas longtemps à se convaincre que l'attaque, de ce côté, serait

---

1. Louis de la Chastre, baron de la Maison-Fort, succéda à son père au gouvernement de Berri, et reçut le bâton de maréchal en 1616. Moréri.
2. *Mémoires de la Ligue*, V, 28 avril 1592.
3. *Revue de Rouen*, XXX, 611.
4. Logements de Saint-Clair.
5. *Lett. miss.*, III, 1er mai.

pénible et désavantageuse. « Quiconque, dit Végèce, « s'efforce contre la descente de la montaigne, il entre- « prend double bataille, c'est asscavoir avec le lieu et « avec l'ennemy [1]. »

Sur les derrières des Ligueurs s'étendait une large plaine, légèrement ondulée par quelques plis de terrain, couverte de ces fermes qui, protégées par de grands arbres et environnées de remparts, sont comme autant de camps naturels, propices pour l'attaque et pour la défense, et font de toute la contrée de Caux un pays imprenable. A une lieue de distance, on apercevait un village, ou carreau, en langue cauchoise, facile à reconnaître par son beau clocher de pierre, qui domine, de sa flèche élancée, les grands chênes qui l'entourent : c'était Valliquerville. Un bois le protégeait en arrière [2]; un bois le couvrait en avant [3]; Henri IV trouva le lieu propice pour *l'assiette de ses logis* [4].

On avait alors « l'usance et commodité de loger à cou- « vert, ès villages, chose fort utile.... Or, ces villages « ordinairement sont environnés de jardins, bons fossez « et hayes verdes, ayans aussi la pluspart les embou-

---

1. Végèce, *De l'art militaire*, liv. III, ch. XIII, traduction.
2. Les derniers restes de ce bois ont été défrichés en 1848.
3. « *Carte des dixmages de Mgr de Bermonville*, » sauvée d'une destruction presque certaine, et conservée par M. Levaillant, maire d'Ecretteville.
4. Castris *aliorsùm* translatis. *Thuan*, lib. CIII. — *Lett. miss.*, III, 1er mai 1592.

« cheures des chemins closes de barrières, au défaut
« desquelles on peut suppléer de peu de gros bois, ou cha-
« riots, de sorte que l'asseurance n'y est trop difficile [1]. »
Le paisible village de Valliquerville se trouva donc, pour
quelques jours, transformé en campement militaire.

Le bois, dont nous avons parlé, enveloppa jadis de
son ombre « un château fort, flanqué de tourelles et
« entouré de fossés profonds. Gautier de Valliquerville,
« son seigneur, fut fait prisonnier, l'an 1123, en combat-
« tant pour Henri Ier, roi d'Angleterre, au siége de la ci-
« tadelle de Vatteville [2], et son château fut rasé [3]. » Mais
il fut reconstruit plus tard. Au XVIIe siècle, les sires de
Valliquerville relevaient fréquemment des fonts du
baptême les fils de leurs principaux tenants [4]; acqué-
rant ainsi une sorte de suzeraineté spirituelle, dont la
foi les rendait plus fiers que de leur suzeraineté tempo-
relle. Ils avaient donc dans le pays leur manoir seigneurial. C'est de ce manoir que partit Jean VI de Valliquerville pour aller à la bataille de Dreux. Descendant des
anciens comtes d'Évreux, puînés des ducs de Norman-

---

[1]. *Le Gouvernement de la Cavallerie légère*, G. Basta, p. 24.

[2]. Il fut fait prisonnier par Waleran, comte de Meulan, le même qui fonda plus tard l'abbaye du Valasse. — Daniel, *Hist. de France*.

[3]. *Prom. archéol.*, 78.

[4]. Registres de l'état civil, commune de Valliquerville, de 1605 à 1666, *passim*. — Dame Jacqueline de Rupierre, épouse de haut et puissant Sgr Jacques de Valliquerville, seigneur de Saint-Valery, y est fréquemment citée.

dic ¹, il fut fidèle à l'antique foi de ses ancêtres, se battit contre les Protestants et mourut sur le champ de bataille. C'est encore de cette demeure féodale que Catherine de Senlis vit partir son époux, Philippe de Valliquerville, et Philippe son fils ; le chevalier, seigneur de Valliquerville et de Saint-Valery [2], allait sans doute s'enfermer dans cette dernière ville assiégée par le duc de Nevers [3] ; Philippe, son fils, fut *noyé en la Seyne* [4], peut-être à *la desroute et nauffrage de l'armée navalle* devant Caudebec. Barthélemi, fils de Jean VI, s'était également éloigné du château de Valliquerville pour aller concourir, sous les ordres de Charles IX, au siége de Rouen, et mourir [5], en 1562, sous les murs de cette ville, occupée par Montgommeri et par les Protestants. N'est-il pas vraisemblable, en l'absence de documents positifs, que le manoir seigneurial de Valliquerville dut servir de quartier général au roi de Navarre ?

En avant du château, l'artillerie occupa l'éminence de Bouquelonale [6], d'où l'on aperçoit le logis d'Auzebosc, et une avant-garde [7] a inscrit sur le sol les caractères

---

1. De la Gallissonnière, p. 169.
2. Reg. état civil de Valliquerville.
3. Voir à la page 61.
4. De la Gallissonnière, p. 169.
5. *Ibid*.
6. *Lett. miss.*, III, 1ᵉʳ mai. — Carte de Nicolaï. — Le Mamelon de Bouquelonale est situé entre la ferme de Montmirel et la Pinellerie.
7. Quand une armée s'élevait à 25,000 hommes, il fallait « un quarré

très-reconnaissables de son passage, par les tranchées dont elle l'a sillonné. Ces fortifications offrent un aspect tellement différent des travaux du même genre, exécutés aujourd'hui par le génie militaire, qu'il nous paraît utile d'en parler avec quelques détails.

L'avant-garde campa dans le bois, parceque « l'ost et « castres, principallement quand partie adverse est voi- « sine, tousiours doibvent estre faicts en lieu seur, là où « copie de bois, de pasture et d'eaue abonde [1]. »

A l'est de la ferme dite du château s'étend un magnifique herbage, à l'extrémité duquel dorment les eaux tranquilles d'un espèce d'étang, auprès d'un bouquet d'arbustes oublié par les défricheurs de l'ancien bois. Parallèlement à cette extrémité, à cent quarante mètres de distance, une longue avenue, souvenir unique du vieux château [2], s'étend du nord au sud. Dans cet espace carré, limité par les champs, l'herbage et l'avenue, une tranchée de un mètre cinquante centimètres de profondeur et large de huit mètres, de la partie supérieure d'un talus à l'autre, prend naissance au bout de l'étang.

---

de 170 pas de long, pour former le quartier des chefs, et ensuite de 600 pas, pour loger les légions. » *Instruction sur le faict de la guerre*, ch. VI, liv. 1. — Le camp de Valliquerville, comme l'indiquent ses limites restreintes, n'a dû servir qu'à une avant-garde. Henri IV le désigne, dans une de ses lettres (voir page 51), comme faisant *partie* de ses logis.

1. Végèce, *De l'art militaire*, liv. 1.
2. *Carte des dixmages de Mgr de Bermonville.*

Après avoir parcouru en ligne droite, de l'ouest à l'est, l'espace de cinquante mètres, elle décrit une ligne courbe pour former la défense de front et se perd dans deux fosses très-profondes. Le talus intérieur ne laisse apercevoir aucune trace de rempart; le temps a pu le détruire : d'ailleurs, il n'existait pas toujours, comme le prouve ce texte d'un auteur de l'époque. « Les tran-
« chées qui sont à l'entour du camp pourront avoir
« communément trois pas de large et deux de profond. »
Si les ennemis étaient très-rapprochés, « on *pourroit,*
« de la terre d'icelle trenchée, en *faire une levée* vers le
« dedans [1]. »

A cent mètres et au sud de ce premier travail, une seconde tranchée défend la droite du camp; l'aspect du terrain, et les vieux arbres qui ont pris naissance dans sa profondeur, lui donnent une existence assurément aussi reculée qu'à la tranchée sa voisine; mais les bords, taillés à pic et très-irréguliers au sud, nous font douter qu'elle ait été creusée pour servir de défense militaire ; elle pouvait exister antérieurement, et se présenter comme une fortification naturelle. On avait alors « cous-
« tume de non loger jamais en lieu où n'y ait quelques
« baricanes et fossez, ou rive de fleuve, ou grand
« nombre d'arbres, ou montaignes, ou aucun autre rem-
« part naturel, le quel rende l'assiette forte de soy [2]. »

---

1. *Instruction sur le faict de la guerre*, ch. VII, liv. I.
2. *Instr. sur le f. de la g.*, ch. VII, liv. I.

Ces deux tranchées sont reliées à l'ouest par un fossé, dont le talus parfaitement conservé paraîtrait de fraîche date; si les vieux chênes dont il est planté ne lui assuraient une existence plus que séculaire. Parti de l'étang, il se jette au sud dans trois fosses coniques, assez régulières et moins profondes que les premières, situées à la défense de front. On avait l'usage de creuser ces fosses, pour y déposer les munitions et pour assurer l'hygiène. « Vu qu'on permet ici aux bouchers de loger
« aux huttes, derrière les régiments, et que des entrailles
« des bestes tuées vient grande ordure et puanteur
« causant maladies... on peut pourvoir à cela, fouissant
« en terre des puis profonds, sur lesquels on met des
« bois forts, et là dessus branches d'arbres avec leurs
« feuillas, ou de la paille, mais observant qu'au milieu
« demeure un petit trou [1]. »

Cet ensemble de tranchées régulières et de fortifications naturelles donnaient habituellement aux campements, et particulièrement à celui que nous décrivons, une forme irrégulière. « Chez les Romains, c'estait le
« lieu qui obéissoit à eulx et non pas eulx à l'assiette...
« Mais nous, qui n'observons point en ceci une reigle
« génerale, sommes contraints user de diverses formes
« de camp, et aucunes fois de le faire cornu, autrefois
« en triangle, et souvent de très-longue estendue, et

---

[1]. *La Castramétation*, p. 43.

« quelquefois rond ou quarré, le tout pour raison de
« l'assiette des lieux, qui n'est guère jamais uny[1].»

Il fallait, pour ces levées de terre, que « les gens de
« guerre feussent pourveus de houelz, marres, picz,
« goys et pelles ferrées, rasteaulx, bannes et hottes, avec
« aultres genres et manières d'ostilz[2].» Les pics et les
pelles manquaient pour les travaux de Valliquerville ; le
baron de Biron, dans une lettre au sieur Delabarre,
presse l'arrivée de ces instruments : « Monsieur le grand
« maistre de l'artillerie[3], lui dit-il, anvoie à Dieppe un
« attelage, pour rapporter des pelles dont nous avons
« *très-grand besoin*. Le roy m'a commandé de vous
« escrire, que vous advisiez d'en fere recouvrer promp-
« tement, ce que je vous prie bien fort de faire, en
« quelque façon que ce soit, et faire aussy rechercher
« des piqs ; mais il est besoin de renvoyer promptement
« les attelages avec les dictes pelles, et sur ce je prie Dieu,
« M. Delabarre, vous avoir en sa saincte garde. Yvetot,
« ce dernier d'apvril 1592. Votre bien affectionné amy.
« BIRON[4].»

---

1. *Inst. sur le f. de la g.*, ch. VII, liv. I.
2. Végèce. — *De l'art militaire*, liv. I, ch. XXIV.
3. Armand de Gontault, seigneur et baron de Biron, promu au grade de grand-maître de l'artillerie, le 5 novembre 1569, reçut le bâton de maréchal de France en 1577. Il soumit à Henri IV une partie de la Normandie. Moréri.
4. Lettre *inédite*. Arch. du Pal., C. des aydes, 1592. — Les au-
teurs qui ont raconté cette campagne ne citent jamais, sauf une ou

Enfin, pour ne rien omettre, à cinquante mètres du campement que nous avons décrit, on remarque encore deux tranchées moins importantes : l'une au nord et l'autre à l'est; la première, dont le rempart est conservé, s'avance de l'ouest à l'est, de l'herbage à l'avenue; la seconde ne mesure pas moins de trois cents mètres, et longe les arbres de l'avenue, du nord au sud. Peut-être servaient-elles de limites à cet espace vide que l'on rencontrait d'ordinaire à l'entour des camps, entre les tranchées et les bastions, qui n'existent point ici, pour y « asseoir les pièces d'artillerie et les guetz, et pour se « renger en bataille si besoing faict, et encore pour « s'exerciter..., et contre ceulx qui vouldroient getter de « par dehors quelque feu artificiel sur les logis ou les « feuillées des souldardz... les souldardz y pourront aussy « retirer le bestail qu'ilz auront conquesté[1]. » Quant à la troisième tranchée du sud, si elle a jamais existé, les travaux des champs l'ont fait disparaître.

L'intérieur du bois est percé, de ce côté, de nombreuses fosses, dont la plupart résultent évidemment de travaux récents; deux d'entre elles cependant peuvent avoir servi de *puis à cuisiner*, qui devaient être creusés à l'extérieur

deux exceptions, le lieu précis où les faits se sont passés, mais seulement la ville ou le bourg le plus rapproché, c'est-à-dire Yvetot et Caudebec. C'est également d'Yvetot ou de Caudebec que les lettres étaient datées; cependant, les secrétaires de Henri IV indiquent fréquemment le nom propre du village ou du camp où ils écrivent.

1. *Instr. sur le f. de la g.*, chap. VII.

du camp. « Que les quartiers maistres ne permettent de
« fouir, sur les places d'armes et rues, aucuns puis à
« cuisiner, tables à jouer au detz, ni autres puis, parce
« qu'il est dangereux d'aller sur tels chemins, en péril
« de rompre col et bras.... derrière toutes les huttes, est
« ordonné place pour faire les puis à cuisiner [1]. »

Qu'on nous permette, en terminant, de citer le jugement des auteurs du temps, sur l'ordre intérieur de leurs campements. « Nous ordonnons si grossièrement le dedans (de nos camps), qu'il n'y a comme rien de disposé
« en son lieu, n'à propos, ainçois on peult juger, que
« nos camps ont mieulx la monstre d'une assemblée con-
« fuse et sans ordre, que non point de gens de guerre
« deuement ordonnez... lesquelz sont au surplus si ordz
« et puantz, pour peu de séjour qu'ilz fassent en un lieu,
« que l'air d'icelluy lieu s'en corrompt légèrement, du
« quel procèdent après les pestes, et autres grefves ma-
« ladies [2], que nous y voyons régner [3]. »

Tel était le camp de Valliquerville. Si on le compare aux travaux du bois de la Salle et du Vieux-Louvetot, il

---

1. *La castramétation*, p. 43.
2. Les registres de l'état civil, pour les années 1591 et 1592, concernant Valliquerville et les communes voisines ravagées par la guerre, manquent au greffe d'Yvetot. Ils auront sans doute disparu dans les troubles de cette malheureuse époque. Nous n'avons pu constater la mortalité causée par *les pestes* et *autres grefves maladies*.
3. *Instr. sur le f. de la g.* liv. I, chapitre VII.

semble porter avec lui la marque du caractère national ; le soldat français, toujours confiant en sa valeur personnelle, s'environnait pour sa défense de moins de précautions. Nous sommes heureux de signaler ce coin de terre, caché si longtemps sous les bouleaux et les coudres, et que nos aïeux ont rougi de leur sang. Un camp, c'est une étape où l'humanité a laissé la trace de sa marche militante ; rappelle-t-il une question politique, il mérite notre intérêt ; mais s'il y ajoute un souvenir religieux, il mérite alors notre respect.

Henri IV, en occupant la campagne de Valliquerville, apportait un changement notable dans la position des Ligueurs ; au lieu des vallons et des bois qui les protégeaient naguère, ils n'étaient plus séparés des Royaux que par une vaste plaine, sans autre défense naturelle que les fermes dont nous avons parlé. La seule ressource [1] qui restât à l'armée de la Sainte-Union, massée depuis le 28 avril entre le château des Briqueville et le camp du Vieux-Louvetot, et libre à peine de ses mouvements, c'était de couvrir la plaine de redoutes et de tranchées. Le Béarnais ne lui en laissa pas le loisir.

Pendant que les Royaux fortifiaient à la hâte le camp de Valliquerville, l'artillerie, du haut de l'éminence de

---

1. On se rappelle que, à cette époque, une armée ne se croyait pas en sûreté si elle n'était logée « en un lieu où n'y ait quelques « baricanes et fossez, ou rive de fleuve, ou grand nombre d'arbres, « ou, montaignes, ou aucun autre rempart naturel, le quel rende « l'assiette forte de soy. »

Bouquelonale[1], foudroyait le château d'Auzebosc[2], et le roi de Navarre partait, à la tête d'une faible escorte et en simple pourpoint, pour reconnaître le logis des ennemis. Quatre cents lanciers sortirent à sa rencontre et mirent en grand péril cette poignée d'éclaireurs. Mais laissons Henri IV lui-même raconter son exploit à Élisabeth d'Angleterre. « Estant allé pour recognoistre l'armée des en-
« nemis, sans m'accompaigner de trouppes de cavalerie,
« je prins six-vingt picquiers et soixante mousquetaires
« de nos trouppes pour me servir d'escorte, les ayant
« faict advancer et arrester environ cent cinquante pas
« hors de leur logis, où vinrent près de quatre cens lan-
« ciers, par deux endroicts, et y eut un combat des plus
« furieux qui se puissent voir, tellement soustenu à plu-
« sieurs reprinses, que la plupart des chefs des dictes
« trouppes ennemies y furent tuez, avec plusieurs aultres ;
« les morts nous demeurèrent et une cornette de gens à
« cheval... Le sieur Roger[3] y feict acte d'un vray César...
« il tua de sa main au combat, et seul à seul, un des
« dicts chefs, qui se montroit fort brave ; comme aussy
« le baron de Biron, qui y estoit avec peu d'aultres gen-

---

1. *Lett. miss.*, III, 1ᵉʳ mai.
2. « Tout porte à croire que l'église ( d'Auzebosc) a beaucoup souffert du voisinage des armées royalistes, catholiques ou espagnoles, et des combats acharnés que se livrèrent sur ces plaines, en 1592, le Béarnais et Mayenne, le duc de Parme et Biron. » M. l'abbé Cochet, *Églises arr. d'Yvetot*, II, 350.
3. Officier anglais envoyé par Élisabeth.

« tils hommes, en tua un autre de même façon [1]. » Henri IV ne dit point à Élisabeth que ses troupes, accablées par le nombre, plièrent d'abord, et ne reprirent le dessus que vers la fin du combat, qui, selon de Thou, devint presque une bataille générale [2].

Le duc de Mayenne et le duc de Guise y firent noblement leur devoir et faillirent être pris; le prince Rainuce eut un cheval tué sous lui; dom Diégo de Castille, le chevalier Breton, le sieur du Rosne demeurèrent prisonniers.

« Saint-Pol s'est sauvé, disent les Mémoires de la « Ligue, ayans ses troupes été défaites... pareillement « le sieur de Vitri est échappé, aiant été recous, lorsque « il tendoit la seconde fois son épée pour se rendre [3]. »

Les Ligueurs se retirèrent « avec grande perte de « leurs gens et bagage, » laissant sur le champ de bataille près de trois mille morts, selon les Mémoires de la Ligue [4], et six ou sept cents, si l'on en croit P. de l'Étoile [5]. La différence est notable et l'exacte vérité nous échappe.

Il serait difficile de préciser le lieu de cet engagement. Les historiens déclarent que ce fut à Yvetot; à les en

---

1. *Lett. miss.*, III, 1er mai.
2. *Thuan. hist.*, lib. CIII.
3. *Mémoires de la Ligue*, V, 3 mai 1592.
4. *Ib.* Avis du camp de Fescamp, 3 mai 1592.
5. P. de l'Étoile, 1er mai 1592.

croire, le sol de cette petite ville aurait été le théâtre de toutes les actions de la campagne. Yvetot, depuis le 28 avril, n'était plus au pouvoir de la Sainte-Union ; Henri IV nous l'a déclaré [1]. D'un autre côté, les Mémoires de la Ligue, avec le chroniqueur Matthieu, nous affirment que le 30 avril, deux jours après le combat d'Yvetot, « le roi partit du lieu de Varicarville, pour enlever *un* « *autre logis* des ennemis. » Tout porte à croire que les armées se rencontrèrent sous les murs du château d'Auzebosc, non loin du fort rouge, qui, peut-être, prit son nom dans ce baptême de sang infligé à la Ligue.

Quelque ait été le champ de bataille, l'armée royaliste ne le quitta que vers le soir. Les cornettes et les compagnies de gens d'armes étaient à peine rentrées dans leur camp, qu'il leur fallut reprendre en toute hâte la dague, la pique et le mousquet ; Valliquerville devait avoir aussi son jour de bataille. « Les ennemys picquez « du mauvais succès, dit Henri IV, vinrent après, en « plus grand nombre, les assaillir en leur logis (de Val-« liquerville), où toutesfois ils n'eurent meilleure for-« tune que auparavant, ayans esté de rechief bravement « chassez, et perdu plus de deux cents hommes [2]. » Tout cela se passait le 30 avril.

Les trois premiers jours de mai furent accordés aux troupes pour se rafraîchir ; le repos était nécessaire

---

1. *Lett. miss.*, III, 1er mai 1592.
2. *Lett. miss.*, III, 1er mai 1592.

après des marches forcées, les fatigues du campement, et des combats qui ne semblaient finir la veille que pour recommencer le lendemain. Henri IV en profita pour ravitailler son armée; la lettre qu'il écrit à ce sujet étant inédite, nous croyons utile de la transcrire en entier.

« A nos amez et féaulx conseillers, les sieurs Dela-
« barre, trésorier général de France en la générallité de
« Rouen, transféré à Dieppe, le Pont de l'Arche et Lisieux,
« et de la Corbynière, commissaire général des vivres de
« nostre armée, Salut. Estant nécessaire, pour le bien de
« nostre service, de recouvrer promptement la quantité
« de deux cens pièces de vin, pour la nourriture de nostre
« armée, et une quantité de mesche pour nous en servir
« en icelle, et sçachant ne se pouvoir plus commodement
« trouver qu'en nostre ville de Dieppe, nous avons advisé
« d'en bailler la charge à quelque personnage dont la ca-
« pacité, suffisance, preudhomye et expériance nous
« soient cognues. A ceste cause, sçachant les dictes
« qualitez estre en vous, avons commis et depputez et par
« ces présentes signées de nostre main, commettons et
« depputons pour, en la plus grande dilligence que faire
« ce pourra, recouvrer et prendre, en nostre dicte ville
« de Dieppe, la dicte quantité de deux cens pièces de vin.
« Soit de celluy de la prinse jugée contre les Escossais,
« ou aultre que vous verrez estre plus à propos, et la plus
« grande quantité de mesche que vous pourrez recouvrer,
« convenir du tout, de prix, avec ceux à qui il appartien-

« dra, que nous ferons après paier suivant les contracts
« et marchez qui en seront par vous faicts, que nous
« avons à cest effect dès à présent vallidez et aucthorisez,
« vallidons et aucthorisons, pour estre de tel effect et
« force, comme s'ils avoient esté faicts en nostre conseil,
« et faire incontynant après conduire le dict vin et mes-
« che, ensemble le pain de munytion qui se trouvera en
« la dicte ville de Dieppe, au lieu de Sainct-Vallery, pour
« estre de là charriez en nostre armée. De ce faire vous
« avons donné et donnons plain pouvoir, authorité, com-
« mission et mandement spécial, mandant et ordonnant
« à vous, sieur Delabarre, de fere fournir les frais, qui
« seront nécessaires pour l'exécution de nostre présente
« vollonté, des deniers de nostre recette générale, qui
« seront passez es compter du receveur général d'icelle,
« partout où il appartiendra, en vertu de la coppie de ses
« dictes présentes et vos ordonnences, car tel est nostre
« plaisir. Donné au camp de *Varicarville*, soubs le scel
« de nostre secrétaire, le premier jour de may mil cinq
« cens quatre vingt douze — HENRY [1]. »

« Par le roy : POTIER. »

Le même jour, le roi écrivit encore à la reine d'Angleterre. Sa lettre, après le récit des combats que nous venons d'exposer, se termine par une demande de secours. « J'espère heureuse issue, lui dit-il...., si j'ay ce

---

1. *Arch. du Pal., C. des aydes*, 1592.

« bonheur d'estre bientost renforcé du nouveau secours,
« que je me promets encore de vostre bonté ; les ennemys
« estans en lieu et estat qu'ils ne peuvent éviter la ba-
« taille, ou une très-grande honte et perte, et jusques
« icy, ils se monstrent plus tost résolus à la bataille que
« à prendre aultre parti [1]. »

On a reproché au duc de Mayenne d'avoir appelé l'étranger au secours de la Ligue. Assurément Philippe II ne venait pas en France pour le plaisir de fonder une nouvelle dynastie en faveur de la maison de Lorraine ; son ambition personnelle était pour quelque chose dans les expéditions du duc de Parme ; mais tout en mesurant ses services au profit qu'il en espérait, il marchait avec la France, en luttant avec elle pour le maintien de la foi catholique. Si le chef de la Ligue mérite condamnation, faut-il absoudre le roi de Navarre ? Élisabeth, soutien du protestantisme, comme Philippe II était le protecteur du catholicisme, envoyait, par Dieppe et Saint-Valery, des secours d'hommes, d'argent et de vivres; de sorte que Henri IV pouvait lui dire : « Votre Majesté tenant le premier lieu en cette cause, je me propose d'être votre capitaine général contre les ennemis communs [2]. » Maurice de Nassau mettait sa flotte au service du Béarnais ; de nombreux renforts d'arquebusiers, de lansquenets et de reitres arrivaient de toutes parts, de la Hollande, de

1. *Lett. miss.*, III, 1er mai.
2. Chalambert, I, 64. — Apud Rohrbacher, XXIV, 655.

l'Allemagne, de la Suisse; c'était donc à la tête d'une armée, en grande partie étrangère et protestante, que le roi de Navarre voulait s'imposer à la France. La France ne repoussait pas absolument la personne de Henri IV, que sa renommée de grand capitaine, un caractère loyal, de grands talents administratifs rendaient tout-à-fait digne du trône; mais le fait d'hérésie annulait aux yeux du peuple son droit de naissance. La France catholique ne voulait à aucun prix de la Réforme qui menaçait de régner avec le Béarnais; elle combattait donc partout ce tenant de l'hérésie, dans les campagnes d'Auzebosc et de Valliquerville comme dans les champs de bataille d'Arques et d'Ivry; elle lui disputait, sur tous les points du territoire, les villes et les forteresses où il tentait de prendre pied. Pour résister de toutes parts aux forces étrangères et protestantes du roi de Navarre, la Ligue, comme son rival, eut besoin d'un allié, et cet allié fut le roi catholique d'Espagne.

Le 2 mai, par une autre lettre toujours datée de Valliquerville, le roi supplie le duc de Nevers de se rendre dans son gouvernement de Champagne et de pourvoir à la sûreté de Langres, menacée par le duc de Lorraine. « Mes ennemis, lui dit-il en terminant, pressés de né-
« cessité, et mon armée se faisant plus forte de jour à
« aultre par l'arrivée des forces qui viennent journelle-
« ment, il ne se peut faire que dans peu de jours il ne

« réussisse quelque plus grand effect ; je n'en perdray,
« si je puis, les occasions... ¹ »

Le duc de Parme, de son côté, ne perdait pas l'occasion de se mettre à l'abri des attaques brusques et imprévues de son adversaire. « Rapprochant du camp retranché
« qu'il occupoit ses troupes dispersées, il eût bien voulu
« les y faire entrer toutes. Mais comme ce camp étoit
« trop petit pour les contenir, il leur ordonna du moins
« de ne point s'en écarter, de garder exactement leurs
« postes, et de se tenir fort serrées. Après cette précau-
« tion, qu'il ne crut pas suffisante, pour épauler tous ces
« logements répandus autour du camp, il fit occuper
« le bois qui les bornoit ³. »

Les mouvements des Ligueurs, du 1ᵉʳ au 3 mai, nous sont révélés par ce texte de Sully. Le duc de Parme rappela ses troupes du château d'Auzebosc et les fit avancer vers Louvetot ; par cette manœuvre habile, il fermait les passages entre son camp retranché et Caudebec, assurait sa retraite et pouvait même reprendre l'offensive.

Le bois de la *Royauté,* qui bornait les logements de Farnèse, est situé à l'extrême limite de la paroisse de Bosc-Himont, et naturellement fortifié, à l'ouest et au nord, par deux cavées qui le coupent à angle droit ³ ; il

1. *Lett. miss.*, III, 2 mai 1592, lettre adressée au duc de Nevers, datée de *Baricarville* — Valliquerville.
2. Sully, II, 89.
3. *Silvam in angulo sitam,* haud longe ab aciei communis campo. *Thuan. hist.*, lib. CIII.

fut flanqué à l'est d'une tranchée profonde et muni d'une redoute [1].

Menacé par ce poste avancé, que deux kilomètres à peine séparaient du camp de Valliquerville, Henri IV prit sur le champ le parti de l'emporter. Les Espagnols « estoient si près de moi, dit-il, que... ils pouvoient in-« commoder une partie de nos logis et qui n'estoit qu'à « mille pas de leur retranchement ; cela fut cause qu'il « fut résolu, dimanche au soir, que nous l'attaquerions « lundy ( 4 mai ) à l'aulbe du jour [2]. »

L'attaque ne fut cependant point aussi matinale que l'eût désiré le roi, « à cause de la paresse des gens de « guerre, qui n'arrivèrent où il leur estoit ordonné que « à huict heures [3]. »

Le duc de Parme sut mettre à profit ces quatre heures de retard ; ses soldats « achevèrent, autour du dict bois, « quatre petits esperons, et, à la vue des Royaux, il fit « passer dans les retranchements mille Espagnols et « mille Wallons [4], » sous la conduite d'Octavio de Mansfeld et de Louis Vélasco.

---

1. Le duc de Parme « fit fortifier et border de retranchements ce « bois, avec une ligne de communication qui le joignoit avec le camp. » Sully, II, 89.

2. *Lett. miss.*, III, 5 mai 1592, lettre adressée au cardinal de *Vendosme*, datée de Varicarville. Le cardinal de Vendôme se faisait appeler le cardinal de Bourbon depuis la mort de son oncle, arrivée en 1590.

3. *Ibid.*

4. *Ibid.*

Henri lança contre eux « mille enfants perdus de
« toutes nations [1].» Leur capitaine, Philippe de Nassau,
longeant d'abord le bois de Valliquerville qui le couvrait, puis le laissant à main droite [2], se précipita sur
l'ennemi; ses Hollandais étaient braves et disciplinés.
« Il les faisoit bon voir, dit Groulart, qui les avait ad-
« mirés lors de leur débarquement à Dieppe, car il n'y
« avoit en tout qu'une charrette par compagnie, qui
« portoit les armes des capitaines, et en tout quelque
« vingtaine de goujats; les soldats portoient et leurs ar-
« mes et leurs harquebuses, et vivoient avec discipline,
« qui n'est aucunement observée en France [3]. » « Ils don-
« nèrent sy bravement, qu'ils emportèrent les retran-
« chements, non sans grand combat, comme il apparut
« par trois cents, tant Espagnols que Wallons, qui sont
« restés sur la place, où il y a nombre de cappitaines [4].»
« Bref, toute la troupe de Mansfeld fut saccagée, réservé
« quelque petit nombre, qui de vitesse gaigna le gros,
« plus estonné que désireux de prendre revanche [5]. »
Quant à Philippe de Nassau, une fois maître du bois, il
mit aux mains de sa troupe, *picz, gouelz* et *pelles ferrées*
et se fortifia du côté de Louvetot, par un fossé *tumultuaire* [6].

1. *Ibid.*
2. Davila, II, 956.
3. Groulart, *Voyages en cour*, coll. Petitot, XLIX, 305.
4. *Lett. miss.*, III, 5 mai 1592.
5. Matthieu, 1592.
6. Tumultuario vallo eum (locum) statim muniunt. *Thuan. hist.*,

Étonné de cette brusque attaque et frappé du danger qui menaçait ses logements, le duc de Parme, malgré la fièvre et des douleurs intolérables, arrive en litière au milieu de ses soldats, relève leur courage et cherche à reconnaître la position des Royaux. A la vue des fortifications dirigées par Philippe de Nassau, il fut d'avis « qu'il falloit ou regaigner le bois perdu et empescher « les Royaux de s'y fortiffier, ainsi qu'il sembloit qu'ils « vouloient faire, ou mourir tous les armes au poing [1]. »

Sans retard il range son armée en bataille ; six mille hommes sortent de leurs logis et se divisent en deux troupes ; un corps d'élite se met au centre ; Rainuce, avec la cavalerie légère, voltige sur les flancs, et l'artillerie occupe une *montagnette* pour arrêter la marche de l'ennemi. Ce n'était point la première fois que l'artillerie paraissait à l'escarmouche ; déjà Henri IV l'y avait conduite contre les soldats de Mayenne, sur les collines de Dieppe [2].

Le roi de Navarre était sous les armes depuis longtemps, prêt à défendre le poste conquis et à livrer le combat; les Ligueurs pouvaient le reconnaître de loin à son panache blanc, sur le front de *sa bataille*, ayant à

---

lib. CIII. — « En après, soict le fossé tumultuaire, comme faict en « commun, sans préméditation. » Végèce, *De l'art milit.*, I, XXIII-XXIV. — *Tumultuarius*, fait sans ordre.

1. Palma Cayet, liv. IV, 1592, édit. in-18.
2. M. Féret, *Maison de Henri IV*.

droite le duc de Montpensier avec huit cents chevaux, et à sa gauche le duc de Bouillon avec mille reîtres [1]. Il n'y avait plus, entre le duc de Mayenne et le roi, dit naïvement un chroniqueur de l'époque, « qu'une petite « campagne raze, sans bois ni *rivières* [2]. »

Un corps d'Espagnols et d'Italiens s'ébranle d'abord du côté de Louvetot, et donne avec furie sur les Royaux. Philippe ne l'avait point attendu dans ses retranchements ; le sol, après s'être incliné depuis le camp de Valliquerville jusqu'aux champs de la chapelle du Hay, se relève légèrement, et présente, sur une pente peu sensible, le bois de la Royauté. Le capitaine Hollandais s'était avancé au delà du bois, sur le sommet de la *montagnette*, que Davila décore du nom de colline ; il supporta bravement le choc. Bientôt cependant, Henri IV s'aperçoit que ses arquebusiers perdent du terrain : il lance sa cavalerie légère à leur secours ; Rainuce, de son côté, arrive au galop, pour soutenir les siens. On se battit avec acharnement de part et d'autre ; mais enfin, les Ligueurs furent forcés de lâcher pied. Rainuce légèrement blessé tomba de cheval ; il tint néanmoins si ferme, que le Béarnais ne put passer outre ; seul, le baron de Biron, à la tête de cinquante chevaux du régiment du roi, fit une charge, entre Bosc-Himont et le camp retranché,

---

1. Davila, II, 956.
2. Palma Cayet, liv. IV, 1592, édit. in-18.

et tua *cent ou six vingt* fuyards. Philippe resta maître du bois.

Le duc de Parme, pour faire diversion, avait ordonné l'attaque du logis de Valliquerville; mais « il fut deffendu « des ennemys à coups de mousquets et de picques, et « il n'y eut des Royaux que trois de tuez et huict blessez; « chose presque incroyable, mesme à ceulx qui l'ont « vue [1]. »

Après cette escarmouche, qui dura deux heures, les armées restèrent en présence. Le duc de Mayenne, responsable devant la France des forces de la Ligue, et craignant de les compromettre dans une bataille générale, se contenta de faire tirer « force coups de canon, » qui tuèrent aux Royaux trente à quarante chevaux. Henri IV, de son côté, « fit tirer à travers de leur camp « deux couleuvrines et une bastarde, qui les incommo- « dèrent fort [2]. » ... « Tant d'un côté que d'autre, il fut « bien tiré trois cents coups de canon [3]. » Canons dont parle Brantôme, « qui ne craindront de tirer cent coups « l'un après l'autre (par manière de dire), sans rompre,

1. *Lett. miss.*, III, 5 mai 1592.
2. *Ibid.*
3. Palma Cayet, liv. IV, 1592.— Un boulet bien conservé, de cinquante-cinq centimètres de circonférence et pesant quinze kilogrammes, fut trouvé, vers 1828, à vingt centimètres sous terre, dans une ferme occupée aujourd'hui par M. Colibeaux, et située à huit cents mètres environ, et au nord du camp retranché du Vieux-Louvetot. — La bêche, en ouvrant le fossé qui renfermait le boulet, mit à découvert une assez grande quantité de charbon de terre.

« ny esclater, ny casser... mais on ne les veut gour-
« mander tous de cette façon, car on en mesnage la
« bonté le mieulx qu'on peut [1]. » Nous sommes encore
loin de Wagram, où une batterie de cent bouches à feu
ébranlait, en vomissant la mitraille, le centre des Autri-
chiens [2].

Vers le soir, le roi de Navarre s'éloigna du camp des
Ligueurs. « Il estoit resté dix heures en bataille devant
« eulx, pour voir si cest affront leur donneroit quelque
« envie de la donner..... armé et à cheval depuis une
« heure avant le jour, jusqu'à cinq heures du soir.
« J'estois sy las, dit-il, que je me pensois endormir à
« table [3]. »

Gardien fidèle des souvenirs du passé, le bois de la
Royauté montre encore aujourd'hui la tranchée où la
bravoure des soudardz catholiques céda à l'impétuosité
des Royaux. Le fossé tumultuaire de Philippe de Nassau
est à peine apparent : ses soldats avaient du jeter la
*pelle ferrée* sur le travail inachevé, et ressaisir, pour se
défendre, l'arquebuse et le mousquet; avec la tranchée
dont nous venons de parler, et l'escarpe du bois, il
forme un parallélogramme, dont le grand côté mesure
cinquante mètres, et le petit quarante-huit mètres. On
rencontre à l'ouest deux fosses coniques et profondes;

1. Brantôme, I, 242, *Panth. litt.*
2. Thiers, *Cons. et Emp.*, X, 463.
3. *Lett. miss.*, III, 5 mai 1592.

la redoute est toujours debout, et regarde silencieusement Valliquerville; deux fermes voisines de la chapelle du Hay et la ferme de Montmirel lui masquaient la vue du camp des Royaux; les masures et les granges furent sans doute rasées et les arbres coupés à deux pieds de terre, comme Henri IV l'avait fait, à l'époque du siége de Dieppe, en 1589, aux villages de Bouteilles et de Roux-Mesnil, aux hameaux de Janval et de Caudecôte [1]. Tels sont les fruits immédiats de la guerre. Les ruines, amoncelées autour de la chapelle du Hay, n'étaient pas les seules qu'eût à déplorer la gent corvéable; le fléau avait promené ses ravages de Saint-Clair à Valliquerville, d'Auzebosc à Louvetot, et bientôt il allait les étendre de Saint-Wandrille à Saint-Aubin de Cretot et jusqu'à la Seine. Le paysan avait vu ses moissons naissantes disparaître sous les pieds des chevaux; ses troupeaux étaient dispersés, ses fourrages enlevés. « Nous regardons « à pourveoir à tout ce qui est des vivres pour les hom- « mes, disait Henri IV, car pour les chevaulx, il n'est « pas croyable le bon pays où nous sommes [2]. » Et comme si ces souffrances n'eussent pas suffi, le soldat mal payé y ajoutait *larecins et volleries*. « Les gens du roi, dit « Davila, pouvant fourrager au large, suppléoient au « défaut de leur paye par les ravages qu'ils faisoient

---

1. M. Féret, *Maison de Henri IV*.
2. *Lett. miss.*, III, 5 mai 1592.

« dans le pays [1]. » Aux jours de l'automne, les greniers seront vides dans les riches dixmages du plateau d'Yvetot, la faim sévira dans les chaumières; tristes suites des luttes sanglantes, et malheureusement nécessaires quelquefois, des peuples entre eux.

Henri IV avait vu sa provision de poudre s'épuiser au combat de Bosc-Himont, et les soldats de Philippe de Nassau, pour défendre le bois de la Royauté, avaient brûlé leur dernière mèche au service de leurs *bastons à feu*. Le 4 mai, quoi qu'il fût *sy las* qu'il *pensoit s'endormir à table*, le roi écrivait au trésorier général de France.

« Nostre amé et féal, Nous envoyons en nostre ville de
« Dieppe le sieur de la Corbinière pour faire apporter en
« nostre armée *les vivres qui nous* sont nécessaires, et ung
« commissaire de nostre artillerye pour faire apporter *des*
« *pouldres*, et d'aultant qu'il importe à nostre service que
« l'un et l'aultre se face *promptement*, vous aviserez avec
« le sieur de Chaste, ce qui sera à faire tant pour l'achapt
« des dictes pouldres, s'il n'y en a en nostre magazin,
« que pour les voitures et charrois qui seront nécessaires
« pour les dicts vivres et pouldres, et ferez bailler pour
« chacun charroy de nostre artillerye un escu, afin qu'ils
« puissent paier leur despence. Mais ne faillez de tenir la
« main à le fere exécuter *promptement*, à ce que nostre

---

1. Davila, II, 959.

« service n'en soict aucunement retardé. Donné au camp
« de *Varicarville* le quatriesme jour de may mil cinq
« cens quatre vingts douze.

« Et au dessoubs est escript :

« Donnez ordre que la *mesche du comte Philippe* soict
« envoyée avec lesdictes munitions, et *qu'elle ne demeure*
« faulte de charroy.

« HENRY.

« Et plus bas : POTIER [1]. »

Au début de la campagne, Henri IV n'avait point vu la noblesse du bailliage de Caux se ranger à ses côtés ; c'est du moins ce que donne à penser une lettre que nous citerons bientôt. Le formulaire de la Ligue, dit M. Floquet, avait trouvé peu de partisans parmi les seigneurs de cette contrée. « Vers Cany, vers Montivillers,
« nombre de gentils hommes avaient fait difficulté de prê-
« ter serment à la Sainte-Union ; dans la vicomté de Mon-
« tivillers, qui en comptait tant, cinq seulement avaient
« pu s'y résoudre ; sur les cent soixante paroisses de
« cette vicomté, il n'y en avait que six, où quelques ha-
« bitants, en petit nombre, eussent bien voulu signer ce
« formulaire [2]. » On pourrait penser, à la lecture de ces lignes, que la noblesse et le peuple cauchois résistèrent à l'entraînement religieux de la Ligue ; mais l'examen

---

1. *Arch. du Pal.*, *C. des aydes*, 1592, lettre inédite.
2. M. Floquet, *Hist. du Parl. de Norm.*, III, 339.

des événements dont notre pays fut témoin, dans les années 1590, 1591 et 1592, permet, il nous semble, d'affirmer que la population du pays de Caux, qui n'est jamais empressée de faire ce qu'elle n'a jamais fait, resta fidèle à son caractère en demeurant inviolablement attachée à la foi de ses pères et à ses défenseurs.

Dès 1589, aussitôt après la mort du duc de Guise, on avait vu se ranger au nombre des villes « qui se firent « de la Ligue des Parisiens, Rouen, le Havre, *Montivil-* « *lers* et toutes les autres places et forteresses de la « grande et riche province de Normandie [1]. »

Lorsque, en 1590 et 1591, le roi de Navarre voulut s'assurer de la contrée de Caux pour préparer le siége de Rouen, ses capitaines la trouvèrent tout entière au pouvoir de la Ligue, et se virent obligés de conquérir successivement les châteaux et les villes qui couvrent son sol.

En décembre 1590, le maréchal de Biron entrait, à la tête de son armée, dans le bailliage de Caux. Pour faciliter son entreprise, le roi de Navarre autorisait le commandeur de Chaste et Cl. Delabarre, à *emprunter 12,000 escus sur les bourgeois, habitans et reffugiés de la ville de Dieppe*, « estant nécessaire, disait-il, pour aider au- « cunement à l'entretènement de nostre armée, et même « des étrangers qui y sont, commandée par nostre très- « amé cousin, le sieur mareschal de Biron, en nostre

---

1. Davila, II, 662.

« duché de Normandie, *baillage de Caux*, pour *réduire*
« *en nostre obéissance les villes, places et nos subiectz, qui*
« *se seroient distraits et séparez*, estre promptement se-
« courus de quelque bonne somme de deniers, à ce que
« les dictes gens de guerre ne se licencient vivre à dis-
« crétion et ruyner nos dictz subjets, que nous désirons
« plus tost *remettre en leur debvoir* par la douceur que
« rigueur. Au camp de Vernon, 13 décembre 1590.
« Signé : HENRY [1]. »

Le 5 janvier 1591, après avoir fait provision de poudres à Dieppe, le maréchal était maître de Fécamp [2]; Caudebec lui fut rendue par Courcy [3], et pendant qu'il forçait Lillebonne [4] et Harfleur [5] à ouvrir leurs portes

---

1. *Arch. du Pal., C. des aydes*, 1592. — Ce document et les suivants sont, nous le croyons du moins, inédits. Recueillis à la hâte, il y a quelques années, il ne nous a point été possible, au moment de faire paraître ce petit travail, de les collationner de nouveau sur les registres ; nous garantissons le fond, mais non la forme ni l'orthographe. Il y a lieu d'espérer qu'ils seront bientôt intégralement publiés.

2. *Arch. du Pal., C. des aydes*, janvier 1591.— Quand le président Groulart partit du camp de Darnétal, en 1591, pour aller à Caen, par Dieppe, Henri IV le fit accompagner par les soldats de du Hertré, « d'autant que ceux du fort de Fescamp, qui avaient des retraictes « cachées dans le pays, faisaient des prises tous les jours sur les « chemins. » *Voyag. en Cour,* coll. Petitot, XLIX, 537.

3. Valdory, *Siége de Rouen*, p. 11.

4. Lillebonne et le fort de Fécamp furent repris par Bois-Rosé et rendus à Henri IV, en 1593.

5. Cette ville demeura fidèle à Henri IV, qui exempta des gabelles ses *manants* et *habitants*, « en considération de la fidellité qu'ils ont

— 62 —

au parti du roi [1], le duc de Nevers assiégeait Saint-Valery, avec le pouvoir de « fere lever sur les villages de « la générallité de Normandye, les plus proclies de Saint-« Vallery, qui seront les plus commodes, la somme de « cinq cens escus, pour employer aux despences plus « pressées, pour *le siége de la dicte ville de Saint-Vallery*, la quelle somme sera desduicte aux habitants des « dicts villages, sur les denyers qu'ils doibvent à sa « dicte majesté. Au camp devant Rouen, 9 décembre « 1591 [2]. »

Henri IV avait pris Eu et le Tréport; le Havre restait fidèle à la Sainte-Union. De toutes les villes du pays de Caux, Dieppe était la seule, qui, dominée par un ardent royaliste, le commandeur de Chaste, se fut offerte d'elle-même au parti du roi.

Le bailliage de Caux fut donc parcouru en tous sens, pendant ces trois années 1590, 1591, 1592, par les divers partis; les *manans* et *habitants* de la malheureuse contrée se virent exposés aux *roberies*, *pilleryes* et *bruslements* [3] des gens de guerre, rançonnés de toute façon,

---

« toujours porté à cette couronne, et afin qu'ils ayent moyen de « maintenir et conferrer la dicte ville, et améliorer le hâvre d'icelle.» *Arch. du Pal., C. des aydes*, 1592.

1. Palma Cayet, I, 292, *Panth. litt.*

2. *Arch. du Pal., C. des aydes*, décembre 1591. — Le 13 décembre 1591, le duc de Nevers écrit à M. de Saldaigne, intendant des finances, pour hâter l'envoi des *500 escus*.

3. Edouard d'York, comte de Dreux, fut la première victime du

pour payer la conquête du royaume[1]; et malgré la pression qu'ils eurent à subir, Henri IV lui-même nous assure que, le 9 novembre 1591, les deux vicomtés de Rouen et de Montivillers étaient encore *occupées par les rebelles ligueurs*[2]. Il serait difficile de douter, après l'exposé de ces faits, que le peuple du pays de Caux, et spécialement de la vicomté de Montivillers, n'ait pris parti pour la Sainte-Union.

siége de Rouen. Les Anglais, qu'il conduisait, se retirèrent à Pavilly « où..., en indignation de leur perte, ils meirent le feu, mesmes « à l'église et aux halles, comme aussi ils ont depuis fait en plusieurs « aultres et divers endroicts. » Valdory, *Siége de Rouen*, p. 10.

1. « Ayant le roy destiné *les denyers, qui lui sont deubs de ses « tailles des ellections de Caudebec et Montivillers*, des années 1589 « et 1590, pour *les despences et entretiens de son armée*, et n'ayant « les dicts denyers peu estre recouvers sy promptement, pendant *le « sejour que la dicte armée a faict au païs de Caulx*, et ne voul-« lant rien changer de la disposition qui a cy-devant esté faicte des « dicts denyers, il est enjoinct aux trésoriers généraux... à Dieppe... « de fere toutes les dilligences possibles pour le recouvrement des « denyers des dictes tailles et aides.. Faict au conseil du roy, tenu « près Mgr le mareschal de Biron, au camp d'Andely, le 4 febr. 1592... « Signé Forget. » *C. des aydes*, febr. 1592.

Le 15 janvier 1591, ordre est donné, par le maréchal de Biron, de faire « acquitter *des denyers des tailles* de l'année dernière, *de l'ellection de Caudebec*, même de ceulx qui proviendroient *des paroisses les plus proches de la ville de Caudebec*, deux mandements du trésorier de l'Espargne... au sieur de la Granville, mestre de camp d'un régiment de gens de guerre à pied françois, pour ses estats et entretenements. Camp de Fescamp, 15 janvier 1591. » *Arch. du pal., C. des aydes.* — Les registres de la Cour des aydes renferment de nombreuses preuves de ce genre. — Les Ligueurs, de leur côté, levaient *denyers* et *tailles.* Davila, II, passim.

2. Voir la note 1, p. 65.

Quant aux seigneurs, eux aussi s'étaient « laissé eni-
« vrer du breuvage de la Ligue. » ... « *Beaucoup*, qui
« avaient hésité tant qu'avait vécu Henri III, après la
« mort de ce roi catholique passaient à Mayenne[1], »
entraînés par leur attachement à la foi de l'Église, héri-
tage séculaire de la monarchie française, cédant aussi à
l'influence des Villars, des Courcy, des Fontaine-Martel[2],
des Bois-Rosé, et d'autres seigneurs encore, qui, à la
tête des villageois, faisaient la guerre en partisans, et
s'étaient rendus maîtres du pays de Caux.

1. *Hist. du Parl. de Norm.*, III, 498.
2. Le sire de Fontaine-Martel, fait prisonnier à la bataille d'Ivry, en 1590 (Davila, II, 777), fut pris une seconde fois par Henri IV, à Louviers, 1591 (Mézerai, III, 878). — Pendant le siége de Rouen, il sortit à la tête de dix arquebusiers, et de vingt fantassins armés de corselets, par les *canonières du Vieil-Fort*, et attaqua sans succès la tranchée des Royaux, 1592. (Davila, II, 924.) Nous le voyons, en mai 1593, faire le siége du château de Bacqueville, qui tenait pour Henri IV, et battre à Offranville cent-vingt hommes de la garnison de Dieppe, envoyés au secours des Royaux. (*Hist. du Parl.*, III, 397-98.) En 1594, il était maître de Neufchâtel; Henri IV, devenu roi de France, lui racheta cette place pour la somme de *16,000 escus*. (Groulart, *Voy. en Cour*, coll. Petit., XLIX, 337.) On voit encore à Bolbec les ruines du château des Fontaine-Martel. La forteresse, d'où l'on aperçoit les sveltes et gracieuses tourelles de Roncherolles, s'élevait à l'extrémité de la vallée de Fontaine, au-dessus des sources de la Bolbec et de la chapelle Saint-Martin ; d'épaisses murailles, la bouche encore béante d'un souterrain, des fossés larges et profonds attestent son importance d'autrefois. Plus humble, la petite chapelle Saint-Martin est encore debout ; malgré les mutilations qu'on lui a fait subir au profit de l'industrie, les figures grimaçantes de sa corniche la reportent au XIIe siècle.

Pour mettre un terme à ce dévouement, qu'il appelait un *scandale*, Henri IV établit dans son parlement de Caen une *chambre du domaine*. Cette chambre, toujours présidée par Groulart, *était occupée sans relâche*, à saisir, à donner ou à faire vendre les biens des Ligueurs[1]; les gentilshommes du pays de Caux ne furent pas épargnés.

Le sieur de Bonnetot[2], le chapitre de Rouen, Robert Deschamps sieur du Retz d'Hercouville, Guillaume Quesnel sieur d'Yquelon, et beaucoup d'autres virent leurs domaines passer aux mains des officiers royalistes[3]. Le sieur de Rames reçut les terres de Charles-Martel de Bacqueville; le cardinal de Bourbon fut mis en possession des biens du Chapitre; l'abbaye du Tréport fut donnée à Nicolas de Bellengreville sieur des Alleurs[4].

1. *Hist. du Parl. de Norm.*, III, 498.
2. Notre copie porte Bonnetot, peut-être pour Bennetot.
3. *Arch. du Pal., C. des aydes*, 1591. — Pour frais à faire au canon du roi à Dieppe, Mᵉ Caron, receveur du domaine d'Arques, doit fournir la somme de 1,500 *escus sol* « des denyers provenant... *des biens saisis des rebelles ligueurs, es vicomtés d'Arques, Caudebec et Montivillers.* » Conseil tenu au camp d'Anglesqueville-sur-Saâne, 9 novembre 1591.
4. Les revenus des Ligueurs, accordés par Henri IV à ceux de son parti, furent retenus en totalité dans les vicomtés d'Arques et de Neufchâtel, et en partie dans les vicomtés de Rouen et de Montivillers, pendant l'année 1592. « Le roy ayant faict veoir, en son conseil,
« l'estat des garnisons qu'il convyent entretenir, es villes de Dieppe,
« Neuchastel, chasteau d'Arques, *Longueville, Basqueville, Bellen-*
« *combre* et *Chalmesnil* (du domaine du sieur de Moy), pour la
« conservation en son obéissance, et cognu la faulte de fonds qu'il y a
« pour le paiement d'icelles et aultres charges et despences extraor-

Charles D..., sieur de Calletot, eut en partage « deux tiers « des biens de François Paon elleu à Caudebec, rebelle [1], « et le cappitaine Lespiron, de la compagnie du sieur « de Chaste, deux tiers des fruicts et revenus des biens-« meubles et immeubles appartenant au sieur de Bénes-« ville, du nombre des rebelles [2]. »

En outre, défense fut « faicte à tous *fermyers* et aul-

---

« dinaires, qu'ils convyent journellement faire au dict Dieppe, pour « *voiages, fretz de navires, remonstage* (d'armes?), *frais de poul-* « *dres*, et aultres choses nécessaires pour les armes de Sa Majesté, « les quelles seront encore plus grandes en fin de la présente année « qu'elles n'ont esté cy devant, pour donner moien de satisfaire aus-« quelles despences, comme très-importantes à son service, es occur-« rences qui se présentent, mande et ordonne, » aux trésoriers généraux de France, à Dieppe, « surçoyr, pour les termes advenir de la présente « année, l'acquis et paiement *des dons qu'il a faicts des biens des* « *rebelles ligueurs, des vicomtés d'Arques et Neufchastel,* qu'il veult « et entend estre reçeus entièrement par les receveurs des domay-« nes..., » sans avoir « esgard à quelque lettre que ce soict, qui leur « pourroit estre présentée... et pour le regard *des aultres dons estans* « *es vicomtés de Rouen et Montivillers*, entend Sa dicte Majesté, « *qu'en paiant le tiers franchement* suyvant les règlements, ceulx, « ausquels ils auroient esté faicts, jouissent des arrérages des années « précédentes, dont n'auroit esté faict estat, attendu que les *dictes* « *vicomtés sont encore occupées par les dicts rebelles,* et que le « dict tiers en revient franc à Sa Majesté, aux frais et dilligences « des donataires... Faict au conseil tenu au camp de Noion, le 6ᵉ « jour de septembre 1591. — Signé : HENRY. — Plus bas : FORGET. » *Arch. du Pal., C. des aydes,* 1591.

1. *Reg. du Pal., C. des aydes,* 14 août 1591.
2. *Ibid.,* 1591. Duperron de Beneville, envoyé avec Martel de Bolbec au duc de Parme, faisait partie du *conseil de l'union* établi à Rouen.

« tres personnes, qui doibvent argent *aux rebelles* de Sa
« Majesté, *en la vicomté de Montivillers*, tant pour le
« passé que advenir, d'en vuyder leurs mains, si non
« aux receveurs et commis à ce préposez, sur paine de
« paier encores une fois les sommes par eulx paiez, au
« préjudice de cette présente deffense, qui sera faicte et
« publiée à son de trompe et cry public, en ce bourg de
« Fescamp, et servira pour toute la dicte élection. » Il fut
enjoint aux débiteurs de « se déceler au lieutenant gé-
« néral du bailly de Caulx.... estans au bourg et suite
« de cette armée, dans huictaine... sur peyne d'estre
« déclarés adhérans et complices à la dicte rebellion,
« et comme telz chasticz [1]. » *Faict au conseil du roy, tenu
par monseigneur le mareschal de Biron*, au camp dudict
Fescamp, 5 janvier 1591.

Ce n'était point une simple menace. « Pour tenir la main
« à l'accélération des dicts denyers, est enjoint aux
« prévots Rapin, Morel et Symron, visbaillif de Caulx,
« assister de force les elleuz et receveurs, pour l'exécu-
« tion de leurs mandements [2]. » Conseil tenu au camp de
Fescamp, 10 janvier 1591.

Tous les seigneurs cependant ne se déclarèrent pas
pour la Sainte-Union; beaucoup demeurèrent neutres,
*inclinant toutefois plutôt pour la Ligue* que pour Henri

---

1. *Arch. du Pal.*, *C. des aydes*, 1591.
2. *C. des aydes*, janv. 1591.

de Bourbon[1]. « On ne saurait croire, dit M. Floquet, com-
« bien il y avait, en Normandie, de ces gentilshommes
« neutres et indécis, qu'on appelait *casaniers*[2]. » En vain
le roi de Navarre les priait d'accourir sur le champ de
bataille ; en vain le Parlement de Caen promulguait ses
nombreux arrêts, pour les obliger à « se lever, s'armer
« et s'équiper, et aller en guerre, sous peine.... d'estre
« dégradez de noblesse[3]. » Les convictions religieuses
d'une part, et de l'autre, le péril de la confiscation les
retenaient également loin des armées de la Ligue et des
camps du Béarnais. De tout temps l'abstention a eu ses
partisans ; les convictions tranchées exigent des sacrifi-
ces, et par conséquent supposent un dévouement qui est
le partage du petit nombre. « Ces nobles Normands,
« braves naguère comme des lions, et ne connaissant
« que le heaume et la lance, demeuraient maintenant
« inactifs, endormis au coin du foyer, et rien ne semblait
« les en pouvoir tirer jamais[4]. »

Cependant, quand la nouvelle des brillants combats
d'Yvetot, d'Auzebosc et de Bosc-Himont pénétra dans leurs
forteresses, la légitimité des droits de Henri IV apparais-
sant relevée par l'éclat de nouvelles victoires, on put
croire que le Béarnais, dont la loyauté ne pouvait parler

1. *Parlem. de Norm.*, III, 498.
2. *Ibid.*
3. *Hist. du Parlem.*, III, 499.
4. *Ibid.*

qu'avec *rondeur* et *sans feintise*, serait bientôt assez fort pour échapper aux exigences du parti protestant[1], et réaliser les promesses souvent réitérées (contredites cependant quelquefois), de se faire instruire de la religion catholique. Les casaniers sortirent donc de leur inaction, montèrent le cheval de bataille, et vinrent *à grand trot, à pannades et ruades, droict* au camp de Valliquerville, et environnèrent Henri IV d'une nombreuse noblesse. « Pour moi, écrivait le roi au duc de Montmorency, « oultre que l'importance du faict me presse assez d'y em- « ployer tout mon soin et labeur, parceque cestuy-cy est « un coup de partie, le grand zèle et courage que je cognois « en tous ces princes, seigneurs et *infinie noblesse qui y* « *accourt tous les jours*, m'y enflamme encore davantage[2]. »

Les seigneurs, en arrivant à Valliquerville, trouvaient plein de vie ce quartier du plateau de Caux, naguère si calme ; les avenues du château, qui n'entendaient d'ordinaire que les chants du berger solitaire, répétaient le cri de guerre, le feuillage de leurs arbres séculaires frémissait au bruit du canon ; puis après les heures de bataille, quand le mousquet et l'arquebuse étaient au repos, on voyait affluer de toutes parts *vivandiers et marchands de toute sorte ;* une agitation joyeuse se répandait *derrière*

---

1. Consulter le remarquable ouvrage de M. Segretain, *Sixte-Quint et Henri IV*, ch. IV, p. 100-101-102.

2. *Lett. miss.*, III, 7 mai 1592, lettre adressée au duc de Montmorency.

*les huttes, au quartier des bouchers,* aux *puis à cuisiner;* les uns s'emparaient des *tables à jouer au detz,* les autres se groupaient autour des *coureurs,* qui, à toute heure, arrivaient au camp porteurs de nouvelles; d'autres enfin partaient pour fourrager[1]. Le village voyait passer et repasser sans cesse ces soldats «habillés plus à la pendarde « vraiment, qu'à la propreté, portant des chemises à lon- « gues et grandes manches, comme bohêmes et mores, qui « leur duraient vestus plus de deux ou trois mois, sans « changer, montrant leurs poitrines velues, les chausses « bigarrées et déchiquetées[2], » chargés le plus souvent de butin, et serrant dans leurs bras la vie du pauvre peuple. Ailleurs, c'était un chevalier arrivant par le *grand chemin du bourg,* accompagné de son écuyer, et suivi de pages portant arbalètes, piques et arquebuses, corselets et cottes de mailles; des serviteurs venaient après, avec la vaisselle d'argent et les ustensiles culinaires d'un chevalier en campagne[3]. Partout, la rondeur joviale et l'infatigable activité du roi de Navarre répandaient la joie et l'espérance d'un triomphe prochain.

Il n'en était pas de même du côté des Ligueurs. « Je « fais ce que je puis, dit Henri IV, pour les attirer au « combat, et eulx aultrement employent toute leur indus-

---

1. *La Castram.— Instr. sur le f. de la g.,* passim.
2. Brantôme, ap. E. de la Gournerie.—*Hist. de François,* I, p. 174.
3. Cet usage existait encore au temps de Louis XIV. *Mémoires de Saint-Simon.*

« trie pour m'esviter et m'eschapper s'ils peuvent, se
« trouvant bien plus engagez qu'ils n'avoient jamais
« pensé le pouvoir estre, et suis bien adverty que le duc
« de Parme confesse qu'il ne s'est jamais veu si empesché,
« et, sy, est en perpétuelles picques et reproches avec le
« duc de Mayenne.... Ils pâtissent telle nécessité de
« vivres, qu'il faudra dans quatre ou cinq jours, ou
« qu'ils se résolvent de prendre le large de la campagne,
« ou de venir librement au combat [1].

Les vivres, en effet, manquaient dans le camp du duc de Parme ; la livre de pain s'y vendait x et xx sols [2]; la pinte de vin [3] xxx sols; l'eau fraîche même y était mise à prix. Le trouble paraissait sur le visage du soldat, qui manquait de tout, même de paille, pour reposer ses membres épuisés par la faim et par des fatigues sans relâche; la maladie, sous l'influence de la famine et de pluies continuelles, se mit dans l'armée, et la désertion, plus encore que les combats précédents, vint décimer les compagnies de gens d'armes. Farnèse, dépourvu d'argent, était impuissant à soulager tant de souffrances.

1. *Lett. miss.*, III, 7 mai 1592.
2. Le sol était la vingtième partie de l'ancienne livre d'argent; il se divisait en deniers. Le sol tournois valait douze deniers, et le sol parisis quinze.
3. La pinte était le huitième du setier et le double de la chopine. Sa grandeur variait selon les lieux ; la pinte de Paris contenait 48 pouces cubes, elle équivalait à 93 centilitres environ. Le rapport usité dans le commerce est 29 pintes égalent 27 litres.

Sa cavalerie, manquant de fourrages, perdait chaque jour un nombre considérable de chevaux [1] ; afin de la soustraire à une ruine presque complète, il lui choisit un campement à Maulevrier [2], dans un endroit fort écarté et qu'il croyait parfaitement sûr. Ce nouveau poste, en assurant les fourrages, étendait la ligne de bataille des Ligueurs depuis le camp retranché jusque aux limites de Maulevrier et de Saint-Aubin de Cretot, couvrait Caudebec et enlevait au roi de Navarre tout espoir de couper la retraite.

Ce corps de cavalerie ne put échapper ni à la vigilance, ni aux attaques de Henri IV. Le 10 mai [3] « il fit donner « dès cinq heures du matin dans ce quartier, que les « ennemis croyaient le plus assuré, où étaient logées « vingt-deux cornettes, qui se trouvèrent si étonnées, « qu'elles furent aussitôt défaites, et quasi sans aucune « résistance [4]. » ... « Je vous diray, écrit le roi au cardi- « nal de Bourbon, qu'à un village appelé Maulevrier, « nous chargeasmes trente et une cornettes des ennemys, « tant Espagnols, Wallons que Reistres ; nous les défismes « et eusmes quatre de leurs cornettes, et leurs tuasmes « plus de trois cents hommes sur la place ; il y eut plus

---

1. *Thuan. hist.*, lib. CIII.
2. *Lett. miss.*, III, 11 mai 1592, lettre adressée au cardinal de Bourbon.
3. *Lett. miss.*, III, 11 mai 1592.
4. *Mémoires de la Ligue*, V, 10 mai 1592.

« de trois ou quatre cens chevaulx de gagnés, et tout
« leur butin, qui vaut plus de trente-cinq mille livres.
« Bref, c'est une des plus belles deffaictes que nous eus-
« sions peu souhaiter, ny ayant eu que trois ou quatre
« de nos soldatz tuéz et peu de blessez, entre lesquels
« ont été le comte de Château-Roux, le mestre de camp
« la Garde, Sainct-Remy. Je vous garde les cornettes,
« pour parer l'église de Louviers, et espère, avec l'ayde
« de Dieu, que nous aurons de quoy parer force aultres.
« Priés Dieu pour nous.... Tous les *chariots des Reistres*
« *ont été bruslez*. Les François de l'ennemy sont passez
« à Quillebœuf [1]. »

L'infanterie s'engagea dans cette affaire, à la suite de la cavalerie; déjà elle avait mis en déroute deux régiments Wallons. *Donnez-moi cinq cens chevaux*, dit le baron de Biron au maréchal son père, *et l'armée de la Ligue sera détruite. Quoi donc,* lui répondit le maréchal, *veux-tu nous renvoyer planter des choux à Biron ?* On crut qu'il avait évité d'anéantir les ennemis, afin de prolonger une guerre où il avait le principal commandement [2].

La troupe, vaincue par Henri IV, avait pour chefs Charles de Croy et Georges Basta; ce dernier, malade à Caudebec au jour du combat, a laissé un ouvrage inti-

---

1. *Lett. miss.*, III, 11 mai 1592.
2. Mézeray, III, 947.

tulé *le gouvernement de la Cavallerie légère.* Il y pose en principe que la cavalerie doit se fortifier, non par des tranchées, mais par les bagages et les chariots renversés [1] ; aussi avons-nous vainement cherché sur Maulevrier le campement des trente et une cornettes de la Ligue ; on n'en trouve aucune trace, ni sur le sol, ni dans les souvenirs des habitants du pays. Le portail de l'église de Saint-Aubin de Cretot, *percé de trous et criblé de balles* [2], ferait croire que la lutte s'engagea sur la limite de Maulevrier et de Saint-Aubin, et que des cavaliers, dans leur fuite [3], furent poursuivis par les vainqueurs jusque sous les murs de la maison de Dieu. Tout près de là, entre les châteaux de Belle-Fosse et de Saint-Aubin, la tradition a conservé le souvenir du passage de Henri IV ; elle raconte que le prince, épuisé de lassitude, descendit chez un paysan pour s'y reposer ; le cheval blanc qu'il montait aurait donné son nom au groupe de quelques chaumières témoin de la visite du roi : il s'appelle aujourd'hui le *hameau du Cheval blanc.* C'est

---

1. *Le gouv. de la Cavallerie légère*, par Georges Basta, ouvrage écrit en italien — traduction française. Rouen, 1616.

2. M. l'abbé Cochet, *Égl. de l'arr. d'Yvetot*, I, 76.

3. Rex « post exiguum certamen » equites castris et impedimentis « exuit, qui loco angusto, inter *carros oppressi*, ad defendendum se « impares, peditatu tardiùs adveniente, *vix fugâ* se periculo subdu- « xerunt. » Thuan., lib. CIII. — Dans ce combat, dit l'historien Matthieu, les Ligueurs perdirent plus de 2,000 chevaux, tout leur bagage et plus de 2,500 hommes. *Matthieu*, ann. 1592.

en effet le chemin que dut suivre le Béarnais en faisant, par Allouville, le *grand tour* dont parle Davila [1].

Depuis quinze jours, Henri assiégeait les forces de la Ligue ; par l'impétuosité de ses attaques, par la rapidité et l'imprévu de ses marches, il avait harcelé et tourné la petite armée ; mais partout le duc de Parme, comme dit Sully, avait présenté des *fronts impénétrables d'infanterie*, et, malgré plusieurs défaites, son corps de bataille demeurait intact. Le roi de Navarre résolut enfin de l'assiéger dans son camp, et fit avancer, toute la « nuit ( du 11 au 12 mai [2] ), six pièces de canon, qu'il « pointa sur le retranchement du camp, afin que, au « point du jour, on pût s'en servir [3]. »

Le duc de Parme, de son côté, sans être abattu par ses malheurs, songeait néanmoins à s'éloigner d'un ennemi devenu si redoutable ; l'audacieuse activité du Béarnais avait déjoué tous ses projets ; les précautions, que lui suggérait une prudence consommée, paraissaient tourner à son désavantage ; repoussé de ses avant-postes du bois de la Royauté et de Maulevrier, réduit à son camp retranché et aux logis de Louvetot découverts de

---

1. Davila, II, 957.
2. *Lett. miss.*, III, 11 mai 1592.
3. Sully, II, 93. — Il fallut toute la nuit au canon de Henri IV pour franchir l'espace qui sépare Valliquerville de Louvetot ; les affûts étaient pesants et les chemins impraticables ; il ne fallait pas moins de 18 chevaux pour remuer un demi-canon, et 22 pour un canon entier. — *La Castram.*, p. 47.

toutes parts, exposé au dernier assaut d'une armée victorieuse, il réunit un conseil de guerre et proposa la retraite. « Les princes trouvoient le moyen lâche, in-
« digne de grands capitaines et persistoient de se faire
« passage par les armes au milieu des ennemis [1]. Alexandre Farnèse, laissant la valeur française s'indigner, donna des ordres pour le départ.

Le 12 mai, avant le jour, à la faveur d'un brouillard épais, de grands feux furent allumés et l'armée défila, *sans tambours ni trompettes,* disent tous les historiens de l'époque; « le temps était favorable, le silence grand,
« et l'ordre, tenu en la marche, du tout merveilleux [2]. »

« Pour mieux amuser le roi, et empescher qu'il ne
« prit garde à ce décampement... le prince Rainuce
« s'avança jusques à l'orée du bois (de la Royauté),
« avant que personne bougeast, puis donna de furie sur
« les premières gardes du camp. A quoy, tandis qu'on
« s'employoit avec chaleur d'esprit... et que les harque-
« busades gresloient de toutes parts, il ne fut fait aucun
« bruit qui put donner à connaître que les Ligueurs
« deslogeaient[3]. » Après une escarmouche qui dura trois heures, le prince, envoyant tour-à-tour ses cornettes rejoindre l'arrière-garde du duc d'Aumale, se retira lui-

---

1. P. de l'Étoile, mai 1592.
2. Davila, II, 957.
3. Davila, II, 958.

même le dernier, enleva quelques canons oubliés au camp dans la précipitation du départ, et se mit à la suite de l'armée. Celle-ci, laissant sur la gauche le val de Rançon [1], avait pris le chemin qui, par le sommet des collines, conduisait à Caudebec.

1. A l'origine de la vallée de Rançon, à peu près à un kilomètre du camp retranché de Louvetot, et sur la gauche de la route suivie par les Ligueurs, se trouve un monument funéraire des premiers âges, sur lequel nous appelons l'attention des antiquaires : c'est un *tumulus*, nous le croyons du moins. Sir R. Hoare, dans ses nombreuses recherches en Angleterre (*archeologia*), et M. de Caumont, dans ses observations sur le sol normand (*Cours d'Antiq. monum.*, 1), ne paraissent pas en avoir rencontré d'aussi remarquable. C'est un cône tronqué de près de cinquante pieds de haut, environné, à des distances égales, de fossés et de remparts annulaires qui le ceignent comme d'une double couronne ; ou plutôt, ce sont trois cônes superposés et très-symétriques, dont les deux premiers sont engagés dans le flanc de la colline sur laquelle ils s'appuient ; le tronçon supérieur affecte la forme d'un cylindre, ses bords tombent presque verticalement sur le cône du milieu ; le rempart qui l'entoure, arrêté par la colline, se prolonge dans le bois sur une étendue de près de cinquante mètres. Plusieurs puits, environnés de *galeries*, s'ouvraient il y a une vingtaine d'années au pied du *tumulus*. (Après nous avoir très-obligeamment donné quelques renseignements sur le boulet trouvé au Vieux-Louvetot, M. Colibeaux nous a révélé l'existence de ces puits aujourd'hui comblés.) Étaient-ce des routes souterraines pour accéder à des chambres sépulchrales? Il est probable, dit M. de Caumont, que le *tumulus* géminé, beaucoup plus rare que le *tumulus* allongé et le *tumulus* large, « recouvre deux personnes unies par l'amitié, ou par les liens du sang. » Ceci nous permet de conjecturer que notre *tumulus*, peut-être unique en son genre, indique, par son triple cône, une triple sépulture. On rencontre un peu plus bas dans la même vallée, presque en face de la charmante église de Rançon, un autre *tumulus* que nous n'avons point observé, de même forme, nous a-t-on dit, mais moins élevé

Le plateau de Louvetot se prolonge sans interruption jusqu'à la Seine, entre deux vallées de peu d'étendue, mais riches en souvenirs, en forêts, en prairies, et embellies par l'abondance et la limpidité de leurs eaux. Le duc de Parme déploya sa tente à l'extrémité de ce plateau, au dessus de la côte de la Vignette, dans le camp qu'il avait fortifié le 23 avril [1].

Le brouillard si favorable à la retraite des Ligueurs s'était changé en une pluie battante ; le jour s'avançait et restait sombre ; le plus grand calme régnait au camp du Vieux-Louvetot ; les coureurs du duc de Parme ne paraissaient plus ; Henri IV surpris fit battre la campagne ; son étonnement fut extrême, quand il s'aperçut du départ de Farnèse, départ exécuté avec tant de promptitude et de silence ; ses espérances de bataille s'évanouissaient, mais l'ennemi, en s'écartant, n'échappait pas à ses étreintes. Il prit sur le champ le parti de réduire par la famine le général espagnol, puisqu'il s'obstinait à ne pas combattre.

que le premier. Ils se tiennent comme deux sentinelles du vieux monde (M. de Caumont, *Cours d'antiq.*, I, et M. Féret, *Cité de Limes*, ap. *Antiq. de Norm.* 1re sér. III, prétendent que ces tombeaux de terre ont précédé la conquête romaine,) entre deux témoins du monde nouveau : l'abbaye de Saint-Wandrille, qui remonte aux origines du Christianisme dans notre contrée, et le camp retranché du Vieux-Louvetot, qui a vu les enfants de l'Église catholique aux prises avec les partisans de la prétendue Réforme.

1. Au sommet de la côte de la *Vignette*. — L'*Étampette* est le plateau même où le duc de Parme établit ses logis.

Le jour même, les Royaux s'éloignèrent de Valliquerville, et vinrent occuper, au Vieux-Louvetot, le camp abandonné par le duc de Parme [1].

Le duc de Bouillon reçut ordre de s'emparer de la vallée de Saint-Wandrille [2]. Le capitaine creusa sa tranchée sur le versant de la côte Saint-Jacques, au-dessus de la splendide et paisible demeure des Bénédictins. La fortification, s'unissant par un angle aigu au chemin creux qui sillonne la forêt et la coupe en deux parts, donne au campement une forme tellement irrégulière, qu'on douterait de son existence, si nous ne savions déjà que nos pères usaient de diverses formes de camp, contraints « aucunes fois de le faire cornu, autrefois en « triangle... et quelquefois rond, le tout pour raison de « l'assiette des lieux. » Le duc de Bouillon dominait de là le bord du fleuve, le val au Seyne et le val de Rançon.

1. Davila, II, 958.
2. « Le duc de Bouillon, avec l'arrière-garde, tenait la main gauche, occupant tout ce passage, qui, du pays de Caux conduit vers Rouen. » Davila, II, 958.
Dans l'exposé de la position prise par les Ligueurs autour de Caudebec, nous suivons les indications générales données par Davila, mais nous nous écartons, dans les détails, de la narration de cet auteur, narration remplie de contradictions et d'impossibilités ; nous nous laissons guider par les preuves du sol. Il semble, en effet, que, Biron ayant pris Caudedec à peu près sans combat, l'existence des camps, signalés dans notre récit, ne peut être motivée que par les travaux de fortification exécutés en 1592, travaux pour lesquels on verra, tout-à-l'heure, Henri IV déployer toute son activité et toute son énergie.

Le duc de Montpensier, se portant vers la droite [1], établit ses logis sur le plateau qui sépare la vallée de Sainte-Gertrude des fonds de Maulevrier. Le camp qu'il occupa mérite de fixer l'attention par la régularité, la force et la conservation de ses défenses. Une tranchée de cinq mètres de large décrit un carré de cent mètres de côté et enferme une escarpe de cinq mètres de haut; quatre bastions s'élèvent aux angles comme quatre tours. La partie de la fortification, qui court du nord au sud, se prolonge en ligne droite au-delà du carré, forme un nouveau bastion à une distance de cent mètres et, tournant à angle droit vers l'ouest, présente une défense avancée de près de six cents mètres de long. Du centre de ses logis, le capitaine surveillait Saint-Arnoult et Louvetot; son regard, en plongeant, au-dessus de deux pentes abruptes, dans les fonds de Maulevrier et de Sainte-Gertrude, pouvait s'étendre jusqu'au-delà de la Seine, mais il apercevait à peine le fleuve, dont le cours se dérobait derrière les collines de la Vignette et du Calidu [2].

Quant au roi, il se fixa, avec la *bataille*, au Vieux-Louvetot, sur le même plateau que le duc de Parme, tout prêt à se porter, selon le besoin, à droite ou à gau-

---

1. « Le duc de Montpensier, avec l'avant-garde, logeait à main droite. » Davila, II, 958.
2. Nous devons la connaissance de ce campement à l'extrême obligeance de M. le docteur Gueroult, de Caudebec-en-Caux.

che. Il ne restait plus aux Ligueurs une seule issue, et pour leur ôter toute espérance de fuite, le Béarnais fit couper les chemins, creuser les tranchées et abattre les arbres [1]. Il ne paraît pas qu'il ait songé à surveiller la Seine ; il semblait impossible qu'une armée put traverser ce fleuve, considéré comme *un bras de mer* par les historiens du temps.

La position des Ligueurs devenait on ne peut plus critique ; outre qu'ils étaient enfermés de toutes parts, les combats, la désertion et la maladie les avaient réduits de près de moitié ; ce qui restait était épuisé de fatigues et de faim. Les chirurgiens retenaient le duc de Mayenne à Caudebec ; le jeune capitaine Rainuce, seul pour commander, ne rencontrait que découragement et insoumission ; enfin, et c'était pour l'armée le plus grand de ses malheurs, le duc de Parme était tombé dans l'état le plus déplorable, « se sentant si accablé de mal, qu'il s'éva-
« nouissait à tout coup, et pouvait à peine se remettre
« de ces longues et fascheuses syncopes [2]. » Malgré cette extrême faiblesse, il conserva néanmoins assez de présence d'esprit pour concevoir un plan de retraite digne de son habileté bien connue, et assez d'énergie pour l'exécuter. Le duc de Mayenne, auquel il le confia, le crut *dangereux, voire mesme impossible* ; il ne pensait pas

---

1. Davila, II, 958.
2. Davila, II, 957.

qu'une armée, embarrassée de bagages et d'artillerie, pût, sans grand péril, traverser un fleuve aussi large que la Seine, en vue d'un ennemi puissant et redoutable. C'était cependant le seul moyen de salut; le duc de Parme voulut le tenter. Profitant du rideau que la côte de la Vignette mettait entre la Seine et l'ennemi, il fit passer la Barlote sur la rive gauche, avec huit cents hommes et quelques pièces, pour y construire une tête de pont; le comte de Bossu, avec douze cents hommes et quatre canons, en construisit une autre sur la rive droite. Le 14 mai, au déclin du jour, selon de Thou et Davila, de nombreux pontons, commandés très-secrètement à Rouen, arrivèrent avec le courant, chargés de cordages, de poutres et d'ancres[1] ; ou, si l'on en croit un autre chroniqueur, tous les bateaux qui montaient et descendaient le fleuve[2], ayant été arrêtés par les ordres

---

1. *Thuan. hist.*, lib. CIII.— Cette assertion des historiens de Thou et Davila prouve la prudence du duc de Parme ; il avait dû prévoir sa retraite dès le cinq mai, à la suite du combat de Bosc-Himont, ce qui lui permit de commander de longue main les pontons, de les faire descendre et de les tenir cachés, mais à sa disposition, dans l'un des détours du fleuve.

2. Malgré l'occupation de Quillebeuf par les Royaux, la navigation n'était pas complètement interrompue. Le Parlement de Caen « ne « pouvait souffrir que, des villes royalistes, on portât des vivres « aux cités rebelles; et de nombreux arrêts furent rendus pour le « défendre. Dès 1589, par son ordre, six capitaines de la marine du « ponant avaient armé en mer pour empêcher ce trafic. Paris, Rouen, « Caudebec, le Havre, Harfleur, étant à la Ligue, défense avait été « faite aux marins de Dieppe, de Honfleur, la Hogue, Cherbourg,

de Farnèse, toutes les barques des environs ayant été réunies, on les lia fortement au moyen de cordages, on les couvrit de poutres et de planches, et en quelques heures un pont[1] s'improvisa sur la Seine. Il s'étendait, selon toute probabilité, non pas en face de la ville de Caudebec, où le fort du comte de Bossu eût été inutile, mais entre Caudebec et Saint-Wandrille, vis-à-vis du hameau de Rétival, à l'ombre de la côte de la Vignette. Les collines de Sainte-Gertrude à l'ouest, et à l'est les bois de Caudebecquet, le dérobaient également aux regards du duc de Montpensier et du duc de Bouillon. Un espace suffisant pour le mouvement des troupes restait entre la rive du fleuve et les collines, protégé d'un côté par les murailles de Caudebec et de l'autre par les redoutes du comte de Bossu ; car ce capitaine, *l'un des plus asseurez* du duc de Parme, avait eu soin non-seulement de faire « *des redoutes tournées vers l'eau*, mais

«ports soumis alors au roi, de faire le commerce avec ces lieux
« rebelles ; défense, surtout, avait été intimée *aux pilotes de Quil-*
«*lebœuf*, de prêter leur concours à ces trafics. Il n'en fallut pas
« moins plus d'une fois sévir.... *contre ceux, surtout, qui envo-*
« *yaient à Rouen des blés et des vins.* 9 févr. 1581, et 16 juillet
« 1592. » *Hist. du Parl.*, III, 507-508.

1. Selon de Thou et Davila, les pontons liés ensemble, recouverts de poutres, puis chargés de troupes ou de bagages, furent *tirés* sur la rive gauche par *des chalouppes, chacune de six hommes de rame.* Les historiens modernes, d'accord avec la tradition encore conservée à Caudebec, assurent que le duc de Parme fit construire un pont de bateaux. Il semble, en effet, que sans l'existence d'un pont, la promptitude et le calme de la retraite seraient inexplicables.

« encore des dehors *opposez au lieu par où il y avoit* « *apparence que les ennemis pouvoient approcher* [1].... Il « y mit quatre pièces d'artillerie, pour battre de loin et « tenir ouvert le chemin de la campagne [2]. »

Le duc de Parme, profitant de la nuit qui *estoit calme et seraine*, commença sa retraite longtemps avant l'aurore. Les bagages, l'artillerie, la cavalerie, trouvaient en sortant du camp la *cavée Saint-Leger*, ce vieux chemin dont nous avons parlé, et gagnaient les bords de la Seine en tournant la côte de la Vignette; l'infanterie pouvait, au besoin, descendre directement au pont par un petit vallon qui s'étend depuis le plateau jusqu'à Rétival. L'infanterie et la cavalerie françaises passèrent d'abord, sous la conduite du duc d'Aumale; après elles, l'artillerie et tout le bagage de l'armée avec les Suisses. Le jour commençait à poindre quand les troupes espagnoles s'ébranlèrent pour le départ; elles pouvaient être fières, malgré leurs malheurs, de marcher sous la conduite de l'illustre capitaine qui, après avoir partagé leurs dangers et leurs fatigues, savait les soustraire, tout épuisé qu'il était, à une défaite presque assurée. Farnèse n'avait pas oublié de laisser sur la rive droite son fils Rainuce, avec une arrière-garde de quatre cents chevaux et les douze cents fantassins

---

1. *Caudebecquet*, Davila, II, 959.
2. Saint-Wandrille, Davila, II, 960.

du comte de Bossu, pour garder les abords du pont[1].

Cependant, Henri IV continuait de fortifier ses logements pour enfermer de plus en plus Farnèse dans un infranchissable réseau. Afin d'éviter toute surprise sur ses derrières, il envoyait ses *coureurs* au large; ils allaient si loin, dit Davila, qu'ils se rencontraient avec ceux de Dieppe et de Saint-Valery[2].

Dans la matinée du 15 mai, les compagnies de gens d'armes ne furent plus aperçues sur le flanc des collines; le silence régnait sur le plateau. Henri IV surpris envoya le baron de Biron à la découverte. Biron, avançant d'abord avec quelque défiance, put gagner sans obstacle l'extrémité des collines; son regard étonné rencontra, sur la rive gauche, le duc de Parme, avec son infanterie, ses bagages, ses canons et un pont sur la Seine.

A cette nouvelle, Henri IV, à la tête de quelques cornettes, se précipite par le val de Rançon, culbute la cavalerie de Rainuce et court droit au pont pour couper la retraite; mais il avait compté sans le canon du comte de Bossu; il fallut rebrousser chemin. Son artillerie ne fut pas plus heureuse. Le duc de Parme, observant de loin tous les mouvements de l'ennemi, s'aperçut qu'on la dirigeait sur la côte de la Vignette; Rainuce en fut

---

1. *Thuan. hist.*, lib. CIII. — Davila, II, 960.
2. Davila, II, 958.

aussitôt averti, et il tint si ferme à la tête de quelques gens de pied, qu'il découragea les Royaux ; ceux-ci durent traîner leur canon, par un long détour, sur une autre colline. A la côte Saint-Jacques [1], une redoute domine le camp du duc de Bouillon, admirablement située pour prendre les Ligueurs en flanc et briser le pont ; il nous parait probable qu'elle servit, en cette occasion, au canon du roi. Le premier boulet lancé par cette artillerie tomba sur les pontons enflammés. En effet, avant que les Royaux « pussent tirer leurs canons « d'une colline sur une autre, parmy les tracas et le dé- « sordre où la précipitation les mettoit [2], » Rainuce avait fait passer la Seine à sa cavalerie et aux fantassins de l'arrière-garde, rompu le pont auprès de Rétival et livré aux flammes poutres et pontons. Par ses ordres, les canons du fort furent chargés sur un radeau qu'on poussa de l'autre côté ; lui-même traversa le fleuve sur une barque et arriva le dernier sur la rive gauche [3]. Il resta sous le

---

1. A la côte Saint-Jacques, se trouve un quartier dit *La carrière*, situé entre le camp des Royaux et la chapelle Saint-Saturnin. Sur le sol tourmenté en tous sens, par l'extraction de la pierre blanche et tendre, employée dans les constructions des Bénédictins, s'élèvent de nombreuses buttes ; mais aucune d'elles n'offre le caractère de celle dont nous parlons. — Sa position, sa forme, sa ressemblance avec l'éperon du bois de la Royauté, permet, il nous semble, de la considérer comme une redoute.
2. Davila, II, 960.
3. *Thuan.* lib. CIII. — Davila, II, 960.

feu de l'ennemi, jusqu'à ce que les flammes eussent dévoré la dernière poutre du pont.

Le radeau chargé des canons du comte de Bossu restait encore sur la Seine ; la flotte hollandaise, arrivant *à l'heure mesme* [1], s'avançait pour le capturer, mais Rainuce, pour qui c'était un point d'honneur de ne laisser aucun trophée aux mains des Royaux, la tient à distance, en pointant sur les vaisseaux l'artillerie du fort de la Barlote, « le « quel, disposé en forme d'estoille, avait trois esperons « qui battoient sur la rivière [2]. » En présence de l'ennemi ainsi contrarié dans ses desseins, le prince saute sur une petite barque; ses officiers l'imitent, et tous, en faisant bonne contenance, poussent le radeau vers la Mailleraie. Le jeune capitaine ne mit pied sur la rive qu'après avoir vu déposer à terre la dernière pièce d'artillerie [3].

Le duc de Parme faisait donc sa retraite sans perdre un seul homme, et sans abandonner un seul de ses canons [4], laissant l'armée royaliste, chefs et soldats, paralysés par la surprise. « Je ne puis ici, dit Sully, refuser « toutes mes louanges au prince de Parme, pour une « action qui ne saurait, à mon sens, être jamais assez « admirée [5]. » On dit que le général espagnol envoya un

1. Davila. II, 961.
2. Davila, II, 959.
3. *Thuan. hist.*, lib. CIII.
4. Davila, II, 961.
5. Sully, II, 93.

exprès à Henri IV, pour lui demander ce qu'il pensait de sa retraite ; le roi répondit brusquement : « Je ne me « connais point en retraite ; la plus belle retraite du « monde je l'appelle une fuite [1]. »

Se remettant le premier de l'étonnement général, le roi de Navarre proposa d'aller à marches forcées, par le Pont-de-l'Arche, couper la retraite au duc de Parme ; les officiers se montrèrent mal disposés, et la noblesse aima mieux retourner dans ses châteaux. Le duc de Parme put donc continuer paisiblement sa route. Après avoir brûlé le Neubourg sur son passage, il gagna le pont de Saint-Cloud, puis les Pays-Bas, d'où il revint quelques mois après mourir à Arras des suites de sa blessure.

La retraite des Ligueurs s'était opérée du 12 au 15 mai ; à cette dernière date, en effet, Henri IV était à Caudebec avec son armée, probablement dans le camp du duc de Parme. Nous le savons par une lettre que nous transcrivons, parce qu'elle est *inédite*, mais dont la date seule est importante, pour fixer l'époque précise de ce dernier événement. Henri IV écrit à son trésorier général à Dieppe : « Monsieur Delabarre, ce mot de lettre « ne sera que pour vous prier de faire délivrer incon- « tinent, icelle receue, cent escus, pour secourir trois « de mes chevaulx legiers, qui sont en ma ville de « Dieppe, et icelle somme estre départie selon le roolle

---

1. Daniel, *Hist. de Fr.*, ann. 1592.

« qui en sera faict par le sieur de la Curée, mon lieute-
« nant en ma dicte compagnye. M'assurant que vous ny
« ferez faulte, je prie Dieu qu'il vous aict en sa saincte
« garde. Escript au *camp de Caudebec, le quinziesme jour*
« *de may* 1592. HENRY, et au-dessoubs : RUZÉ [1]. »

Le roi fit son entrée dans Caudebec vingt jours après que la Garde l'eût rendue au duc de Parme. Il n'y trouva plus les provisions de blé que sa prévoyance y avait accumulées pendant le siége de Rouen ; les Ligueurs, sans songer à eux-mêmes, avaient tout expédié vers la ville affamée. Les Protestants dont le nombre était considérable, dit M. Anatole Saulnier [2], l'accueillirent avec enthousiasme. On sait quelle séduction exerçait le Béarnais sur tous ceux qu'il voulait gagner à sa cause ; le charme de cet esprit si fin, qui s'alliait à la rondeur et à la joyeuseté des allures, les grâces de sa conversation dûrent produire une impression favorable sur l'esprit des caudebecquais. Mais il sut se recommander d'une manière plus intéressante pour la ville et pour les Catholiques : il s'enquit longuement du commerce des habitants, visita leurs manufactures de chapeaux dits *caudebecs*. Elles étaient alors en pleine prospérité. L'église surtout attira l'attention du royal visiteur. *C'est bien sûr*, dit-il à Sully qui l'accompagnait, *la plus*

---

1. *Arch. du Pal.*, *C. des aydes*, mai 1592.
2. *Caudebec et ses environs*, p. 23.

*belle chapelle de mon royaume* ; *mais*, ajouta-t-il, en montrant les rues étroites de la vieille capitale de Caux, *c'est un diamant mal enchassé.* Puis il se mit à genoux et fit sa prière, à la grande surprise des Protestants et des Catholiques [1]. Il semble qu'il ait voulu confirmer chez ces derniers des espérances qui devaient se réaliser quelques mois plus tard.

C'est de Caudebec que le roi de Navarre congédia sa noblesse et renvoya ses troupes dans leurs quartiers, ne se réservant que quelques milliers d'hommes pour harceler le duc de Parme. Quoique il n'eût point tiré de sa campagne tout l'avantage qu'il s'en promettait, il avait pourtant réduit à fuir un des plus grands capitaines de l'époque ; la Seine restait *bouclée*, et Rouen était *toujours empeschée quoique desassiegée*. Malgré la savante retraite du duc de Parme ; il semblait donc que les résultats stratégiques avaient pour Henri un côté à la fois utile et glorieux, mais la situation politique restait toujours la même. « Il semble, dit Sully, que la
« Fortune, en donnant à ce Prince des succès, qui suf-
« fisaient à le mettre en possession de plusieurs cou-

---

[1]. Traditions conservées à Caudebec. — On montre encore à Caudebec la maison dans laquelle Henri IV passa la nuit du 15 au 16 mai, 1592. La construction, située sur le marché Saint-Pierre, est à pignon sur rue et réunit tous les caractères du xvi<sup>e</sup> siècle. On voyait sur sa façade il y a quelques années, deux médaillons, dont l'un renfermait le buste de Henri IV, et l'autre le buste de Sully.

« ronnes, se plût en même temps à faire naître des
« circonstances qui en empêchaient l'effet, et ne lui
« laissaient de ses victoires que la gloire d'avoir
« vaincu [1]. » Henri IV ne jouira du fruit de ses victoires
qu'après avoir fait abjuration à Saint-Denis, le 24 juillet
1593, lorsqu'il aura compris l'énergique vérité des dernières paroles de Henri III : « Asseurez-vous, mon cher
« beau-frère, que vous ne serez jamais roy de France,
« si vous ne vous faictes catholique, et ne vous humiliez
« devant l'Église [2]. »

1. Sully, II, 1.
2. Davila, II, 705.

# APPENDICE.

Nous croyons utile de résumer en quelques lignes et de rapprocher ainsi de la carte les principaux événements de la campagne.

Avril.
Du 22 au 25. — Henri IV réunit son armée.

25. — Le roi part de Gouy et arrive à Fontaine-le-Bourg.

Avril.
22. — Le duc de Parme s'avance vers Caudebec.
Du 22 au 25. — Le comte de Bossu rencontre à Caudebecquet et rejette sur Caudebec le mestre de camp la Garde.
Le duc de Parme mitraille la flotte hollandaise, établit ses logis sur le plateau de l'Étampette. Il est blessé d'une *arquebusade.*
25. — La ville de Caudebec *est battue aux deffenses;* le canon ouvre la brèche. La Garde rend la place, après une capitulation honorable.

| | |
|---|---|
| 26. — Il campe à deux lieues des Ligueurs. | 26. — Les Ligueurs entrent à Caudebec; la ville est livrée au pillage. |
| 27. — Les Royaux défilent entre Beauvoir et le Vert-Bosc et arrivent en vue du bois de la Salle. Le roi campe à un quart de lieue des Ligueurs. | 27. — Le duc de Parme campe au Vieux-Louvetot; le duc de Mayenne au château d'Auzebosc; le duc de Guise à Yvetot. Des avant-postes occupent le bois de la Salle et Saint-Clair sur les Monts. |

27. — Escarmouches en avant du bois de la Salle.

28. — Le baron de Biron prend le bois de la Salle et en est repoussé par les Ligueurs. — Henri IV attaque et défait les avant-postes et l'avant-garde de Saint-Clair et d'Yvetot. — Le duc de Guise se replie sur le château d'Auzebosc.

29. — Relâche.

30. — Henri IV campe à Valliquerville; combats d'Auzebosc et de Valliquerville.

Mai.

1. — Relâche.

2. — Relâche.

Du 1er au 3. — Le duc de Parme rappelle ses troupes du château d'Auzebosc, les fait avancer vers Louvetot et fortifie le bois de la Royauté.

4. — Henri IV attaque et prend le bois de la Royauté.

Du 5 au 10. — Relâche.

Farnèse loge sa cavalerie à Maulevrier.

10. — Le roi met en déroute trente et une cornettes de la Ligue à Maulevrier.

Nuit du 11 au 12. — Retraite de Farnèse sur Caudebec. — Il campe sur le plateau de l'Étampette.

12. — Henri IV occupe le camp du Vieux-Louvetot,
    le duc de Bouillon campe à Saint-Wandrille,
    et le duc de Montpensier à Sainte-Gertrude.

— 95 —

Nuit du 14 au 15. — Farnèse passe la Seine.

15. — Henri IV prend ses logis dans le camp abandonné de l'Étampette et fait son entrée à Caudebec.

16. — Il licencie son armée.

17. — Il date de Clavy (probablement Claville, village du pays de Caux, voisin de Cany). — Berger de Xivrey, *Lett. miss.*, III, 635.

www.ingramcontent.com/pod-product-compliance
Lightning Source LLC
LaVergne TN
LVHW050632090426
835512LV00007B/815